MONOGRAPHIE

DE

L'ÉGLISE S^T-SPIRE DE CORBEIL

(SEINE-ET-OISE)

PAR M. PINARD,

Membre de la Société française pour la conservation des monuments historiques, et de diverses Sociétés archéologiques.

MONOGRAPHIE
DE
L'ÉGLISE S^T-SPIRE DE CORBEIL

(SEINE-ET-OISE). [1]

PAR M. PINARD,

Membre de la Société française pour la conservation des monuments historiques, et de diverses Sociétés archéologiques.

O Jérusalem! si je t'oublie jamais, que ma main oublie aussi le mouvement!

Ps. 136, 𝄞. 5 [1].

§ Ier.

Corbeil est divisé par la Seine, en deux parties distinctes et inégales. L'origine de la première se perd dans la nuit des temps. Elle occupe la rive droite du fleuve ; on l'appelle le *Vieux-Corbeil*. L'autre, à la rive gauche, est connue sous le nom de *Nouveau-Corbeil*. Elle date seulement du milieu du neuvième siècle. C'est de nos jours, la portion la plus considérable [2]. On sait qu'elle doit tout son lustre à l'apport dans nos murs, des reliques de saint Spire et de saint Leu, évêques de Bayeux, que le comte Haimon, le premier commis à la garde de la forteresse élevée à la jonction de la

---

[1] Les renvois placés dans le cours du texte, se rapportent aux notes qui se trouvent sous forme d'appendice à la fin de cette brochure.

1857

Juisne à la Seine, fit déposer dans ce château ; et en l'honneur desquels il bâtit l'église, où on les vénère encore.

La manière dont les restes de nos patrons furent tirés de *Palluau* [3], n'est pas uniformément racontée. Il paraît assez probable que ce fut après la réduction de ce château, où ils avaient été déposés, lorsque les agressions continuelles des hommes du Nord mirent les peuples du Bessin dans la nécessité de chercher un refuge pour les soustraire à la profanation. Jean de Saint-Victor qui écrivait en 1315, rapporte cet événement à l'an 863. L'abbé Lebeuf [1], observe avec raison que cet historien fait erreur ; et qu'on doit lire, l'an 963. C'est donc à cette date, que remonte la première construction de l'édifice élevé en l'honneur de ces saints pontifes par Haimon. Cette fondation donna du relief au nouveau Corbeil ; et le besoin qu'eut le chapitre d'officiers, fit que les habitants s'y multiplièrent dès cet instant.

§ II.

Le culte de *saint Exupère* [4], vulgairement appelé *saint Spire*, nom très-anciennement formé par abréviation, est beaucoup plus connu que sa vie. Dieu donne à ses saints quelque chose de son immortalité. Il y a bien des noms de conquérants que la gloire a voulu garder, bien de puissants monarques qui ont fait de grandes choses et dont les peuples ne savent pas les noms ! Celui de notre missionnaire, envoyé de Rome pour prêcher la foi dans les Gaules, s'est, au contraire, conservé. On lit dans Baillet [5] : « Nous n'avons ni actes, ni histoire raisonnable de ce saint ; et nous ne savons

---

[1] *Histoire du diocèse de Paris*, tome XI, pages 164 et 170.

autre chose de sa vie, sinon qu'il a été le premier apôtre et le premier évêque de Bayeux. » C'est à Grégoire de Tours, que cet hagiographe a emprunté ces détails. Il ajoute : « Quelques modernes ont essayé d'en composer une histoire dans ces derniers temps ; entre autres Jean-Baptiste Masson, archidiacre de Bayeux, frère du célèbre Papire [1] ; et Jean Bocquet chanoine de Notre-Dame de Corbeil, puis de Saint-Spire, lors de la réunion des deux chapitres, en 1601 [2]. Mais on ne leur fait pas injustice de dire que leurs ruisseaux ne valent pas mieux que leurs sources. » Les observations de Baillet nous obligent à dire qu'il n'est pas le plus universellement goûté. Après ces hagiographes, nous nommerons Jean-François Beaupied, abbé de Saint-Spire ; il a donné une nouvelle vie de saint Exupère et de saint Leu, qui n'est que la copie de celles de ses devanciers ; son ouvrage n'en a pas moins eu deux éditions, pour lesquelles le format in-12 a été employé. La dernière est de 1773 [6].

Ainsi, la vie de l'Apôtre du Bessin ne dépasse point en autorité la plupart des légendes produites par la dévotion du moyen âge. Le martyrologe de l'Église de Paris, imprimé en 1717, marque la mort de saint Exupère : *Circa finem quarti seculi*. C'est le sentiment le plus universel. En 1836, nous visitions l'église du faubourg Saint-Jean, à Bayeux. C'est là qu'avait été inhumé le saint pontife. Ce modeste monument est placé sous son invocation.

On ne parle guère des miracles opérés par saint Spire durant sa vie. C'est surtout à son tombeau, même resté vide, et depuis à Corbeil en possession de ses restes, que le nombre en fut grand et fréquent.

Le chapitre de Corbeil, le comprendra-t-on, refusa tou-

---

[1] 1627, in-8.
[2] 1657, in-8.

jours obstinément à l'église de Bayeux quelques parcelles des restes de son premier pasteur ! Nous avouerons que jamais instance ne nous parut plus juste ; elle fut mal accueillie toutes les fois qu'elle fut renouvelée. On peut lire dans *Guibert de Nogent* les tentatives faites sur le sacristain de la collégiale de Corbeil pour retirer de cette église le corps de saint Spire[1]. M. *de Sainte-Beuve* [7] s'est appuyé sur la tromperie dont usa le sacristain pour faire révoquer en doute d'autres reliques du même saint. En janvier 1792, la cité normande put enfin se glorifier d'avoir recouvré une portion des reliques du saint pontife. C'était l'os d'un bras enchâssé dans un reliquaire d'argent. Il est regrettable d'avoir à dire que les deux évêques qui remportèrent cette victoire, après l'extinction du chapitre, étaient Avoine de Seine-et-Oise, et Fauchet du Calvados. C'était au milieu de la tourmente. Il paraît que ce dernier conserva à Paris, le dépôt qui lui avait été fait pour l'église de Bayeux ; puisque ce ne fut qu'en 1804 qu'elle s'en enrichit. Le procès-verbal rédigé dans cette circonstance, porte la date du 1er prairial an XII. On y lit : « Carolus Brault... quapropter certiores facti S. Exuperii « corpus, Danis omnia in Neustriâ diruentibus, et contaminan- « tibus, ad Corboilum agri Parisiensis oppidum, translatum « fuisse, ubi ad hæc usque tempora asservatur, eminentissi- « mum dominum cardinalem Du Belloy, parisiensem archie- « piscopum adiimus, à quo, curante D. Emery vicario ejus « generali, *os anterius brachii S. Exuperii* ex thecâ reliquas « sacri corporis continente, in ecclesiâ collegiali asservatâ « extractum impetravimus ; prout litteris authenticis ejusdem « D. Emery, et aliis documentis certissimis nobis constitit. »

Le second patron de Corbeil, *saint Leu*, vulgairement appelé *saint Loup* [8], est reconnu pour avoir été le troi-

---

[1] *De Pignor.* S. S. cap. III, B. 3.

sième évêque de Bayeux. Il est mort à la fin du cinquième siècle. Notre église fut également en possession des reliques de ce saint ; elles avaient été apportées dans nos murs en même temps que celles de saint Spire.

Comment, et à quelle époque, l'église de Corbeil s'enrichit des restes de *saint Regnobert*, pontife qui occupa aussi le siége de Bayeux, c'est ce qu'aucun document ne nous apprend. *Hermant* historien de ce diocèse [1] dit que l'église de Corbeil possédait un bras de ce saint, et que ses autres restes étaient en Bourgogne, à Auxerre et à Verzy. Il s'est trompé après M. Huet, dans ses *Origines de Caen*, sur le temps où vécut ce saint. Son nom doit figurer le huitième sur le catalogue des évêques de cette ville. Saint Regnobert assista au concile tenu à Reims, l'an 625, pour régler la discipline de l'église ; il mourut vers l'an 666.

Michel Germain, marque dans son histoire de Lagny, au diocèse de Meaux [2], que l'église de cette ville possédait des reliques de nos patrons. Rien ne nous paraît moins vraisemblable.

L'Église de Saint-Spire, possédait d'autres reliques ; elles étaient également exposées durant la fête de la Translation. En voici le catalogue : *Saint-Aubin, Sainte-Austreberte ; Sainte-Barbe ; Saints Cantien et Cantienne ; Saint-Cyr ; Sainte-Juliette, Sainte-Foy ; Saint-Nicaise et ses compagnons ; Saint-Pierre d'Alexandrie, Saint-Thibault et Saint-Yon*, martyr du pays. Toutes étaient enchâssées dans des bustes, des bras, des capsules en forme de tombeaux et des philactères, en argent. L'abbé Lebœuf [3] pense que ces reliquaires étaient jadis portés par les chanoines, individuelle-

---

[1] Caen, 1705, in-4°.
[2] Page 45.
[3] *Histoire du diocèse de Paris*, tome XI, page 174.

ment, aux processions des Rogations et autres, lorsque c'était l'usage.

§ **III**.

L'auteur du *Dictionnaire des Légendes* prétend que l'édifice construit par le comte Haimon fut achevé l'année même de l'apport des reliques des saints pontifes dans notre cité. Nous ne savons sur quel document il s'appuie. Car on soupçonne généralement, que le fondateur mourut avant l'entier achèvement de cette église. Bouchard, son successeur au comté de Corbeil, passe pour s'être acquitté du soin pieux d'y déposer les précieux restes. Toutefois ce monument primitif ne subsiste plus depuis longtemps. Il fut incendié vers l'an 1019, et on le réédifia sur le même emplacement. Ce nouvel édifice fut également incendié entre les années 1137 et 1144. Le cartulaire de l'église Notre-Dame en la même ville, nous a conservé le souvenir de ce dernier sinistre. On y lit : *Gestum hoc totum est, Corbolii juxtà œdem Exuperii eodemque combusta fuit anno, Stephano Buticularii fratre episcopo Parisiensi, Ludovico juvene, qui filiam Pictuaviensis consulis duxit, regnante.* Si l'on s'en rapporte à la tradition, on ne tarda pas à se mettre de nouveau à l'œuvre : et bientôt encore il sortit de ses ruines ! Quelques parties de l'édifice actuel appartiennent évidemment à cette date. Combien d'additions faites depuis ! Aussi, que de greffes ; que de soudures ! La reconstruction partielle dut être lente puisque la consécration se fit seulement le 10 octobre 1437. Jacques Duchastelier, évêque de Paris, délégua *Jean Léguisé*, évêque de Troyes, pour en faire la cérémonie. Delabarre, contemporain de la solennité, raconte qu'une grande quantité de fidèles assista à cette magnifique pompe du catholicisme [9].

On lisait, avant 1789, au côté droit du chœur, cette inscription purement commémorative : *Anno R. S. H. 1686, extinctæ hæreseos calvinianæ primo, Ludov. XIV, regum christianiss. max. hanc columnam male materiatam, ruinosam, œdem sacram excidio proximo minantem, justus et pius fundator, et patronus impensis regiis instauravit.*

La manufacture de poudre, fondée à Essonnes en 1668, transférée au Bouchet en 1822, était un voisinage bien funeste aux monuments religieux de Corbeil, et plus particulièrement à Saint-Spire, l'un des plus rapprochés de ces moulins dangereux. Les secousses violentes produites par la fréquence des explosions [10] nécessitèrent l'emploi de liens en fer ; ils ceignent encore l'un de ses piliers et la nervure qui supporte la voûte du chœur.

§ IV.

Dès l'an 1029, une charte donnée par le roi Robert qualifie du nom de *Castellum Sancti-Exuperii* le lieu où se trouve bâtie notre église. Cent cinquante ans plus tard, on le trouve ainsi désigné : *Sanctus Exuperius de sub castro forti*[1] ; enfin, dans des lettres d'amortissement accordées au chapitre par le roi Charles VI, l'an 1384, *Sancti-Spiritûs, du Saint-Esprit*. Le rédacteur de ces lettres ignorait certainement la véritable étymologie du nom de Saint-Spire [2].

§ V.

Le monument est orienté, c'est-à-dire tourné dans le sens symbolique d'orient en occident [11]. Il a l'avantage d'être

---

[1] *Histoire du diocèse de Paris*, tome XI, page 175.
[2] *Le même*, page 171.

complétement isolé. Son plan est crucifère ; mystère le plus sensible de l'architecture chrétienne, qu'on peut appeler inspiration surnaturelle. On chercherait vainement dans sa composition hétérogène le charme de l'ensemble que fait naître l'aspect d'une distribution simultanée ; mais il faut reconnaître qu'à l'intérieur il a peu perdu de l'harmonie qui en serait résultée. L'ornementation y est presque nulle. Nous indiquerons néanmoins les parties les plus saillantes. De grands et urgents travaux de restauration et d'embellissement et qui ont excédé le chiffre de 40,000 francs y ont été exécutés, en 1844, par les soins de Messieurs les membres de la Fabrique. Ces Messieurs et le zélé pasteur ont rendu au monument une grande partie du luxe de ses plus beaux jours, de ceux où la munificence royale ne lui faisait pas défaut.

La tour des cloches, quoique l'œuvre du treizième siècle, est lourde. Elle précède l'entrée principale, et lui sert de vestibule, ainsi que cela existe à Saint-Germain des Prés de Paris. Sa forme est carrée : on avait évidemment le projet de la couronner par une flèche. Ce complément eût été préférable à la charpente en forme de pavillon qui la surmonte. Les ouvertures à arcs brisés sont longues et étroites, ainsi que cela se pratiquait à cette époque. Avant 1793, le beffroi de cette tour était garni de quatre cloches : la plus forte, seule conservée, porte le millésime 1694. On y en a ajouté une seconde en 1810. La différence de poids rend l'accord impossible.

La nef et le chœur ont été réédifiés dans le cours des douzième et treizième siècles, à la suite de l'un des incendies dont nous avons parlé. La première présente une double suite d'arcades plein cintre, sans aucune espèce d'ornementation ; ayant pour base des piliers très-courts en raison de l'élévation de la voûte ; ils présentent des angles aigus et des colonnes engagées, couronnées par des chapiteaux dont la corbeille est chargée de feuilles d'eau, à crochets, d'une sculpture assez négligée. Une seule travée compose le chœur. L'arc brisé des deux ouvertures est mal dessiné. Là se décrit le transept; il est fort peu développé. Deux arcades inférieures viennent ensuite; elles sont destinées au service. Tout ici porte la marque de l'imperfection et d'un tâtonnement particulier. L'abside a la forme pentagonale. Elle est éclairée par cinq vastes fenêtres géminées, à arcs brisés, garnies autrefois de verrières peintes. Celle du centre vient d'être ainsi restaurée. La vie de Jésus-Christ y est racontée dans une suite de médaillons étincelant des plus riches couleurs. Ce travail est sorti des ateliers de M. Méry; il fait désirer un complément indispensable qui, nous l'a-t-on affirmé, se réalisera bientôt. On pourrait parfaitement, en souvenir des anciennes *miséricordes* du chœur, faire copier à l'artiste pour en orner les deux fenêtres voisines, les figures sculptées sur les culs-de-lampe de chacune d'elles; Millin nous en a conservé le dessin dans ses *antiquités nationales*. Il s'adapterait parfaitement à la forme de médaillons adoptée. Nous parlerons plus amplement de cette œuvre détruite.

La voûte principale règne dans le même axe et partout de niveau même sous le clocher qui semble le point de départ. Elle est gracieuse quoique surbaissée. Son peu d'épaisseur prouve qu'on a voulu éviter la construction de contre-forts au dehors. Les cintres et les arcs-doubleaux sont dessinés par une double nervure dorique. Aux clefs sont sculptées des figures de rois, de reines et d'abbés, reconnaissables aux attributs qui les caractérisent; images sans aucun doute des bienfaiteurs de la collégiale. Toutes ont été peintes et dorées; le badigeon est venu plus tard empâter ces richesses; on l'a enlevé récemment et on a restauré ces peintures. La voûte seule du sanctuaire, a été chargée d'un fond bleu azur parsemé d'étoiles; et ses nervures peintes en couleur incarnat. C'est une imitation de ce qui a été exécuté à Saint-Denis et à Saint-Germain des Prés de Paris. Plusieurs chapelles ont aussi été ainsi décorées.

Une double nef latérale se développe dans toute la longueur de l'édifice, et un double rang de chapelles. On en compte dix régulièrement espacées; toutes sont voûtées. Plusieurs d'entr'elles avaient jadis le titre de *bénéfice*; et un chapelain y était attaché. Ces additions datent des dix-septième et dix-huitième siècles. Il faut en excepter celle dédiée à la Mère de Dieu, construite seulement en 1813. On trouve dans celle correspondante, un tableau peint en 1820, par Mauzaisse, artiste du pays; saint Spire y est représenté opérant des miracles. C'est tout ce que notre cité possède de cet artiste d'un talent incontestable. Le Louvre, nos cathédrales et nos musées de province, renferment plusieurs pages de Mauzaisse, enlevé trop tôt aux arts.

La vue est frappée dans le bas-côté gauche, par un cintre surbaissé chargé de onze figures fantastiques. Quelques-unes accusent tout d'abord un de ces zodiaques comme on en trouve au portail des églises des douzième et treizième siècles; il n'en est rien. Cette composition tout hétérogène de la fin du xve siècle, se développe dans la totalité de l'archivolte construite lorsqu'on allongea le collatéral aux dépens de la sacristie. Au-dessus, est la chambre dite du *trésor*, où le chapitre faisait renfermer les objets les plus précieux, nécessaires à la célébration du culte. Là existait jadis une tribune sur le sanctuaire, d'où la maison royale assistait aux offices. Ensuite venait la chambre capitulaire. L'une et l'autre sont voûtées. Le lambris de la dernière se composait d'une boiserie sculptée en ronde bosse, où sont représentés les douze apôtres en pied. On l'a employé à la décoration d'une chapelle. Ce travail est probablement l'œuvre des sculpteurs Rousseau père et fils, natifs de Corbeil. Ils vivaient sous Louis XIII. La montre du buffet d'orgue est leur ouvrage. On devait également à ces artistes le retable du maître-autel, détruit en 1844. Au-dessus de la porte de la sacristie, on voit une peinture sur pierre, découverte à cette date, sous le badigeon. Cette fresque semble être du XVIIe siècle ; elle représente sainte Anne faisant l'éducation de la sainte Vierge. Cette circonstance nous rappelle que le vaisseau de l'église fut badigeonné en 1819. Le service paroissial fut alors transféré à Saint-Léonard.

Les portes latérales de l'église ont été ouvertes où nous les voyions en 1813. Elles étaient alors au centre et employaient deux des chapelles. Ce changement est exempt de critique.

§ VI.

Le sanctuaire était jadis rempli de monuments qui tous ont disparu. Le retable en 1844; les autres précédemment, c'est-à-dire, en 1792.

C'était d'abord, du côté gauche, le tombeau du comte Haimon [12], fondateur de l'église, mort loin de Corbeil, au retour d'un pèlerinage à Rome. Ce monument lui avait été élevé dans le cours du quatorzième siècle ; longtemps, on le voit, après sa mort. L'ensemble en était satisfaisant. Millin l'a donné dans ses *Antiquités nationales* [1]. Il s'en faut que les tombeaux arqués de l'époque romane aient été traités avec cette élégance. Depuis le commencement du siècle, la statue et son soubassement ont été transportés dans diverses parties de l'édifice ; et nous avons souvent gémi de ces déplacements longtemps incessants. On le trouve dans la chapelle

---

[1] Tome II, art. XXII, planche LIII.

des *trépassés*. Nous aimerions mieux le rétablissement de ce cénotaphe à son ancienne place. M. l'abbé Guiot a ainsi décrit cette antique sépulture dans ses *Fasti Corbolienses* [13], aux calendes d'Août, jour de la fête patronale de l'église :

> Attamen *Haimonis* tumulum tacuisse vetustam
> Effigiem, et comitis præteriisse nefas.
> Marmore porrectus nigro, sed saxeus ipse ;
> Ut vivus fuerat sit cataphractus adest.
> Scutum nobilitat gryphus; vaginaque et ensis.
> In speciem ferri consociata rigent.
> Circumstat ploratorum bis dena caterva,
> Arte laboratus marmore quisque suo est.
> Clausus ità ex ferro intertexta orate recumbit,
> Ut neque sic pateat vir neque sic lateat.

La statue est en pierre d'un grain très-fin ; elle est *gisante* c'est-à-dire couchée. La tête, le cou et les mains sont en marbre blanc. Ce travail est singulier pour la reproduction des veines et vaisseaux. Le corps est vêtu d'une cotte de maille, par-dessus laquelle est ajustée une cotte d'armes, bordée de fourrures : attachée sur les reins avec une ceinture ronde. Son baudrier est large et d'une forme qui n'est pas ordinaire ; l'artiste y a alternativement représenté une tête d'ange ou d'enfant, et un griffon à deux têtes. On lui a donné un écu qu'on n'a pas craint de charger d'armoiries, comme si on en eût porté avant les croisades. Il est semé de coquilles d'argent ; on y voit aussi un lion dragonné de gueules [14]. A cet anachronisme, il faut ajouter le costume ; il n'est pas celui que le sculpteur aurait dû adopter. Aux pieds de la statue est un dragon à deux têtes ; cela se pratiquait assez généralement au moyen âge. La tradition rapporte que c'est la figure d'un monstre redouté dans le pays, dont Haimon l'aurait délivré.

C'est plutôt la marque de la grandeur de son courage. Des figurines devaient remplir les entre-colonnements de la base du monument, ainsi que nous l'avons observé à Dijon, à Brou, à Nantes. Il était revêtu au-devant d'un marbre noir sur lequel se lisait cette inscription en lettres de marbre blanc, très-bien achevées, incrustées à la mosaïque avec beaucoup de patience et de peine. « *Cy gist le cors de hault et noble homme, le bon comte Hémon, jadis comte de Corbeuil, qui fonda cette église et plusieurs autres. Dieu ait l'âme de luy. Amen.*

Le banc du célébrant, menuiserie du seizième siècle, se voyait à l'opposite. Elle était chargée de figures incroyables, et d'allégories insensées ; ces arabesques étaient finement sculptées. Par une bizarrerie inconcevable, des têtes de mort se voyaient près d'un amour ailé, ayant les yeux couverts d'un bandeau et tenant à la main un arc et une flèche. Non loin, un autre amour portait des lacs. Dans des cartels étaient sculptés, là, un cœur, un arc, un carquois et d'autres emblèmes amoureux. Parmi les ornements, on rencontrait la salamandre et la devise de François Ier *Nutrisco et extinguo.* Cela donne à penser que ce prince pouvait bien avoir été le donateur de l'*ex-voto*. Les trois siéges étaient encadrés dans cette boiserie. Au-dessus, le sculpteur avait placé des médaillons ornés de l'image d'empereurs romains. Le couronnement général offrait un christ en croix, et deux statues : la mère de Dieu et l'évangéliste saint Jean. On voit que dans ce siècle romanesque, on faisait sans scrupule un mélange de la religion et de la galanterie.

Jusqu'en 1636, l'abside n'avait eu pour décoration que les trois châsses où étaient renfermées les reliques de nos patrons ; et les *ex-voto*, témoignages de gratitude, que la piété reconnaissante y avait accumulés. Le chapitre confia l'exécution de l'œuvre détruite en 1844, au ciseau des sieurs

Rousseau, sculpteurs dont nous avons précédemment parlé. Il n'en reste que la vue générale, dans une gravure exécutée, en 1789. Ce travail était d'un style sévère. Messieurs de la Fabrique ont eu le courage de le faire disparaître. Cela a donné au sanctuaire tout l'espace qui lui avait été réservé, et a rendu à l'abside sa majesté primitive.

La clôture du chœur aussi en menuiserie était à jour. Elle avait été exécutée dans le cours du seizième siècle ; on y voyait les figures de l'illustre saint Martin, patron de l'autel paroissial annexé à Saint-Spire ; et celle du brave comte Haimon. Ce qui fixait surtout l'admiration, c'était les stalles disposées sur deux rangs ; leurs *miséricordes*, d'un fini de travail et d'une grande délicatesse de sculpture, représentaient une foule de caricatures grotesques où étaient montrés les arts libéraux et mécaniques exercés autrefois dans la cité. Beaucoup de ces sujets, à cause du temps où ils avaient été exécutés étaient autant d'énigmes ; ils avaient assurément une signification morale. Tout ce qu'il est possible de conjecturer, c'est qu'on avait voulu exprimer que Corbeil était une ville commerçante, et consacrer la reconnaissance envers les particuliers ayant contribué à la décoration de cette partie de l'église. Ces scènes professionnelles nous rappellent que les corporations de la ville avaient leurs confréries à Saint-Spire, et qu'elles s'y rassemblaient chaque année au pied des autels, particulièrement les 20 et 22 janvier, 16 mai, 25 août, et 1er et 6 décembre, pour honorer leurs patrons. Nous l'avons déjà dit, Millin nous a conservé le dessin partiel de ce beau travail. C'est tout ce qui en reste. Cette planche a été lithographiée, et M. Lécurieux son auteur, en a enrichi le *Magasin pittoresque*. Nous le répétons, nous aimerions à voir reproduire ces différentes scènes dans les médaillons des verrières indispensables à la décoration du sanctuaire.

§ VII.

Les mesures que l'Église et la royauté prirent au neuvième siècle pour empêcher la sépulture dans le lieu saint, cessèrent avec le onzième siècle. La féodalité et Grégoire VII, hiérarchisèrent tout le personnel ecclésiastique et laïque ; dès lors, les places funéraires, au dedans de l'église furent assignées : dans la nef et les transepts, à la petite noblesse et au clergé inférieur ; le haut clergé se faisait enterrer dans le chœur. Il y eut de rares dérogations à cette règle jusqu'au quinzième siècle. Nos églises à partir de là, se pavèrent de grandes lames de pierre ou de marbre, recouvrant autant de cercueils. Il en reste quelques-unes dans le vaste champ de la nef de Saint-Spire ; mais la gravure en est effacée, tout aussi bien que l'inscription, quoique refouillée plus profondément. La reconnaissance du clergé mit ainsi les laïques en possession du droit d'être inhumés dans les églises ; le reproche de vénalité qu'on lui a souvent adressé n'est donc qu'une imputation calomnieuse.

On lisait encore, en 1789, dans le chœur de Saint-Spire, l'épitaphe d'un chanoine médecin. Elle était ainsi conçue : *Hic jacet magister Girardus de Guisia physicus, quondàm canonicus istius ecclesiæ qui obiit anno Dom. 1036, post Purif. B. V. Orate pro eo* [15]. Cette inscription se composait alors de plusieurs fragments occasionnés par la sépulture des abbés de la collégiale, au même endroit. Le chœur ayant été carrelé uniformément en 1805, ces fragments ont disparu, et avec eux d'autres pierres tombales ; entre autres celle d'Antoine Aubert, curé de Villabé, décédé le 5 mars 1665.

L'abbé Lebeuf [1] en cite une gisant dans la nef, sur la-

---
[1] *Histoire du diocèse de Paris*, tome XI, page 172.

quelle on avait figuré au trait, une femme portant une coiffe en forme de boîte carrée. On lisait à l'entour de cette tombe: *Anno Domini M.C.C.LXI, in octavis S. Martini hiemalis, obiit Alesia condam mater Rev. patris Reginaldi, Dei gratia Parisiensis episcopi* (16). *Cujus anima requiescat in pace. Amen.*

Dans une des chapelles, du côté droit, se voyait un autre monument funéraire; il portait cette inscription : *Cy gist noble homme, maistre Jehan Laisné, garde de par le roy nostre sire de la prevosté de Corbeil, et esleu particulier de la dite ville, qui décéda l'an* 1492. Au-dessus, dans un médaillon, se voyait le buste de ce magistrat. Il en reste la gravure. Jean Laisné était seigneur du Perray et de Mousseaux-sur-Seine, terres voisines de Corbeil.

Michel Godeau, curé de Saint-Côme, à Paris, exilé à Corbeil pour des querelles théologiques ; mourut en cette ville, le 25 mars 1736, à l'âge de quatre-vingts ans, et reçut la sépulture dans cette église, où on ne lui érigea aucun monument. Son portrait a été gravé; nous en avons une rare épreuve. On a de lui plusieurs poésies latines; et une pièce de vers français, que Millin indique comme ayant été insérée dans le *Mercure de France*, vers 1730. Il n'en est rien. Dans cette petite galerie poétique, chaque chanoine de Saint-Spire est caractérisé suivant sa qualité.

Il nous reste à parler du mausolée élevé par les habitants de Corbeil, à la mémoire de leur concitoyen *Jacques Bourgoin* [17]. La valeur et les services militaires de ce capitaine l'élevèrent à différents grades. Né à Corbeil en 1585, il y mourut en 1661, et fut inhumé dans la crypte de l'église Notre-Dame. Ce monument était placé à la droite du chœur de cette église ; on l'en a enlevé en 1805. La première place qu'il occupa à Saint-Spire, fut la nef; en 1844, il a été transféré où nous le voyons. Bourgoin est agenouillé devant un prie-Dieu, la tête découverte, et a les mains réunies. Son costume est militaire. Louis XIV lui confia le commandement de la ville de Corbeil, durant les troubles de la France, en 1652. Il conserva la cité au pouvoir de Sa Majesté, et en fut récompensé par l'anoblissement.

Les pièces de son écu divisées en quatre quartiers, sont un arbre, accosté de deux étoiles, trois branches d'olivier, un lion et un second arbre posé sur un croissant ; le tout sur champ d'azur. L'armet, ou casque grillé, surmonte l'écu. Derrière la statue, un casque à panache et visière fermée, est placée sur deux gantelets. Les pauvres de Corbeil eurent une grande part aux libéralités de Bourgoin ; la ville lui dut la fondation d'un collége, dans sa propre maison. Il était à la nomination de MM. de Sorbonne. L'éducation y était donnée gratuitement aux jeunes gens de la ville et de ses faubourgs. La révolution a anéanti cet établissement et l'immeuble est affecté à l'instruction primaire. Il y a aussi une salle d'asile.

§ VIII.

L'autel majeur, autrement le maître-autel, est en marbre rouge veiné. Il était jadis celui de l'église de la Commanderie de Saint-Jean en l'Isle, et était alors sans tabernacle. L'usage des tabernacles n'est devenu fréquent qu'au dix-septième siècle ; jusque-là, le saint sacrement reposa dans l'antique suspense, c'est-à-dire, une colombe battant des ailes, appendue à une grande crosse contournée de pampres de vigne ; là était renfermée l'hostie consacrée. Il en a été ainsi à Saint-Spire même, jusqu'au milieu du siècle que nous venons de rappeler. Cet usage subsiste encore de nos jours dans l'église de l'abbaye de Solesmes (Sarthe), où nous l'avons vu.

Le tabernacle provisoire a été remplacé par celui actuel en 1824 ; on ajouta aussi un second gradin. La garniture de l'autel est un don de M. le baron Liborel, juge au tribunal, et président de la fabrique. Elle est sortie des ateliers de Choiselat. Le nom du donateur et le millésime 1821, sont gravés sur chaque pièce.

Le baptistère occupe une des chapelles du bas-côté gauche ; il est par conséquent à l'occident. Cette circonstance n'est pas indifférente, ainsi que le prouve D. Martène. Sa cuve en marbre est d'un fort beau poli. Elle a été exécutée en 1825.

Un monument précieux, que nous ne pouvons non plus oublier, quoiqu'il ait disparu de Saint-Spire qui l'avait eu de Saint-Guenault, en la même ville, est un parement d'autel brodé soie or et argent sur velours noir, dans le cours du seizième siècle. Il a été deux fois gravé ; nous en avons donné l'explication dans la *Revue archéologique* [1].

§ IX.

L'Abside avons-nous dit précédemment, a repris sa physionomie primitive. La châsse de Saint-Spire, encore qu'elle ne soit plus en vermeil [18], occupe ainsi son ancienne place [19] ; elle y produit un grand effet. Cette nouvelle *fierte* a été construite avec une grande fidélité par un menuisier du pays d'après la gravure ancienne due à *Claude Niquet*, et exécutée en 1787 ; néanmoins, son toit et ses parois ne sont plus semés de l'emblème royal. On sait que l'ancienne châsse beaucoup plus précieuse par la matière, a été envoyée à la monnaie de Paris, en 1793 [20].

[1] Neuvième année, page 701.

Le nom de *Jacques Maria* est inscrit sur le faîtage de ce beau reliquaire [21]. Les deux autres châsses sont aussi l'œuvre de cet ouvrier.

§ **X**.

Quoique qualifiée du titre d'abbaye, l'église Saint-Spire ne fut jamais qu'une collégiale. Aussi n'y eût-il jamais autour du monument aucun de ces lieux claustraux que nécessitait la vie commune. Chaque chanoine vivait à part ; ce qui n'excluait pas certaines règles auxquelles chacun d'eux devait se conformer. Si Bouchard 1er, comte de Corbeil, fit fermer de murailles, au dixième siècle, tout ce qui composait l'abbaye et ouvrir le canal par lequel la Juisne porte ses eaux aux moulins dits de la Boucherie, enclos qu'on appela depuis le *cloître ;* ce fut évidemment pour mettre le monument et les chanoines chargés de la desserte, à l'abri d'un coup de main. Un siècle plus tard, Bouchard II, l'un de ses successeurs, fit l'acte par lequel il est le plus connu, et du côté le plus favorable. Il affranchit le cloître de tous juges ecclésiastiques et séculiers, excepté de la juridiction de l'évêque de Paris, à la prière des seigneurs de sa cour qui lui représentèrent le triste état où se trouvait cette église par suite des entreprises de certains tyrans du voisinage. Cet acte de l'an 1070, fut confirmé par le roi Philippe Ier.

La porte du cloître, encore debout, se compose d'une large ouverture terminée par un arc brisé. Sa construction appartient à l'architecture du treizième siècle. Ses portes, dans le même style et couvertes d'une serrurie artistement travaillée, ont été détruites à la fin du dernier siècle, ainsi que deux statuettes qui décoraient les niches. Au-dessus du couronnement de cette porte, s'élèvent deux tourelles, construites en encorbellement ; leurs toits coniques sont couverts d'ardoise. Nous devons dire, à la louange des deux propriétaires, voisins du monument, qu'ils auraient pu le dégrader, ou pousser à sa destruction, et qu'ils ne l'ont pas fait. Nous avons un charmant dessin de cette porte, dû au crayon habile de notre ami M. Pernot.

Les maisons canoniales ont toutes été aliénées en 1792. L'une d'elles a été rachetée par la commune, en 1825. C'est le presbytère actuel.

Delabarre[1] parle d'une chapelle dédiée à Saint-Leu, qui se trouvait dans le cloître. Il la dit détachée de l'église principale. Là se trouvaient de son temps les fonts-baptismaux ; le service curial qui se faisait à l'autel Saint-Martin, dans ces derniers temps, s'y est peut-être jadis exercé. Nous serions également tentés de croire qu'elle servit autrefois aux assemblées capitulaires qui ne pouvaient se tenir dans l'église même. L'abbé Lebœuf parle aussi de cette chapelle[2]. Il dit, elle a maintenant Saint-Gilles pour patron. Sa construction m'a paru être du treizième siècle. En 1746, on la démolit en partie et elle devint alors l'auditoire du baillage du chapitre. Ce qui restait a été détruit en 1792. Son nom est resté à un lessivoir public.

§ XI.

Les noms des douze chanoines établis à Saint-Spire par le comte Haimon, sont restés ignorés. On sait seulement qu'aucun d'eux ne fut alors désigné pour être spécialement

---

[1] *Histoire de Corbeil,* page 45.
[2] *Histoire du diocèse de Paris,* tome XXII page 175.

ce qu'on appela ailleurs *Prévôt, Doyen, Chantre,* ou *Chefcier.* Le chef de la communauté est mentionné dans les anciennes chartes sous le seul titre de *Premier entre ses égaux.* Le titre d'*Abbé* lui est donné beaucoup plus tard dans l'*Index* de la cour de Rome ; et au chapitre celui d'*Abbaye.* Il y a lieu de croire que ce changement survint lorsque le roi Louis le Gros se fut emparé du comté de Corbeil sur le fameux Hugues du Puiset, son dernier titulaire, vers 1120. On sait que ce monarque donna alors au chapitre le titre d'*Abbaye royale.* Elle n'a jamais été en commande [22], l'abbé n'était assujetti qu'aux règles que s'était données le chapitre ; depuis un temps immémorial, il n'était même pas tenu à la résidence. Ce dignitaire portait, par privilége exclusif, la crosse et la mitre dans ses armes. Il ne payait pas de bulle d'institution, et jouissait du revenu de deux prébendes. Son cérémonial avait été réglé en 1690.

Depuis François 1er, en vertu du concordat passé avec Léon X, le roi nommait l'abbé, et à tous les canonicats de Saint-Spire. Après l'engagement du comté de Corbeil, ce droit fut dévolu aux seigneurs engagistes, à l'exception des deux prébendes affectées aux prieurés Saint-Guenault et Notre-Dame des Champs, sur Essonnes, qui dépendaient des abbayes de Saint-Victor et de Coulombs.

Le chapitre nommait autrefois en assemblée, aux cures de Saint-Martin dans Saint-Spire, de Saint-Denis à Mennecy, et de Saint-Jacques, à Ormoy, et aux chapelles bénéficiaires. Dans les derniers temps chaque chanoine eut à tour de rôle à pourvoir à ces titres et bénéfices.

Les revenus de la collégiale, loin de s'accroître étaient devenus insuffisants. Les documents fournis lors de l'extinction de la communauté, à la fin de 1790, en portent le total à quinze mille francs. Cette somme était répartie entre seize prébendes. L'abbé avait deux parts ; les prieurs de Saint-

Guenault et d'Essonnes et les chanoines chargés du service, chacun une ; les enfants de chœur et la fabrique, prélevaient aussi chacun une part. Outre ce revenu annuel, chaque chanoine titulaire avait la jouissance d'une maison avec jardin et d'un demi-arpent de vigne. Le revenu des chapelains ne faisait pas partie de la mense capitulaire.

Les donations faites au chapitre, avaient été confirmées, en 1118, par le roi Louis le Gros ; en 1317, par Philippe le Long ; en 1437 et 1454, par Charles VII ; en 1479, par Louis XI ; en 1519 et 1529, par François 1er ; en 1602, par Henri IV ; et en 1619, par Louis XIII. Le pape Célestin III, dans une lettre de protection, de l'an 1196, mentionne tous les droits, biens et héritages possédés alors par cette abbaye. Les plus considérables étaient : la terre de Villededon, au-dessus de Corbeil, et le bois dit de *Matines* dans la forêt de Rougeau. Ces biens s'accrurent en 1601 de tous ceux que possédait le chapitre de l'église Notre-Dame qui lui fut alors réuni.

La charte de l'âne (*charta de asino*), donnée par Adèle de Champagne, veuve de Louis VII (le douaire de cette princesse était assigné sur la ville et le comté de Corbeil), concédait au chapitre la propriété de deux moulins sis à Corbeil, dits de *la Boucherie*, et d'*un âne* pour porter la farine au cloître. Philippe-Auguste, son fils, ratifia cette donation. Une autre charte, ayant pour titre : *De stagio canonicorum, à Philippo Augusto*, 1203, fixait à huit mois la présence rigoureuse des membres du chapitre, et leur permettait d'avoir des vicaires ; de faire des études et des pèlerinages, etc. Dans une troisième, dite *De procuratione episcopi Parisiensis archidiaconi*, on remarque que l'abbé de Saint-Victor, commissaire *ad hoc* dans cette affaire, dit aux chanoines : *Noverit universitas vestra ;* elle prouve qu'alors on tenait des écoles dans le cloître, ainsi que cela était d'usage pour les cathédrales. Cette charte, du 1ᵉʳ août 1190. donne à l'évêque de Paris le droit de venir officier dans l'église de Saint-Spire. Il était dû au prélat une redevance de cinquante sols parisis, si c'était le jour de la fête patronale. Par une autre plus ancienne, on retirait la permission donnée précédemment à un *juif* de demeurer dans le cloître des chanoines : *Ne judœus sit in claustro*. C'était sous l'abbé Hugues Clément.

Nous devons saisir cette occasion pour mentionner la conservation du *Cartulaire de Saint-Spire*. Le format de ce précieux manuscrit est grand in-8º. Il est malheureusement dépouillé des lacs de soie et des sceaux en cire qui en eussent bien autrement rehaussé l'authenticité ; il n'en a pas moins une immense valeur scientifique. Sa conservation serait plus assurée, s'il était porté aux Archives de l'empire.

Le chapitre avait son auditoire, ses officiers de justice, même une prison particulière. Ce droit lui avait été accordé très-anciennement par concessions royales. La juridiction du baillage s'exerçait habituellement dans le pourpris de l'abbaye, et certains jours privilégiés dans toute la ville de Corbeil. C'était annuellement, les 31 juillet, 1, 2, 14, 15 et 16 août. Ces dates étaient celles aussi de fêtes foraines. C'est à l'Église que l'on doit l'institution des foires. Il faut faire dériver ce mot de *feria*, fête religieuse. Ces réunions commerciales ont eu pour origine l'affluence des pèlerins qui visitaient les reliques des saints les plus renommés de chaque province.

§ XII.

La liste des abbés qui ont gouverné l'église de Saint-Spire a paru difficile à remplir aux auteurs de la *Gallia christiana*. Celle qu'ils ont donnée était cependant de la main de l'un des titulaires, M. l'abbé Beaupied. Nous avons emprunté celle-ci aux *Antiquités nationales* du chevalier Millin [1]; il la devait à M. l'abbé Guiot, l'un des derniers chanoines de la collégiale. Nous y avons fait quelques additions empruntées à des titres de cette église. Ce travail ne saurait être publié plus complet.

1° *Jean*, fils de Ferri ou Frédéric de Corbeil, vivait sous le roi Henri Ier; il est le premier qu'on trouve qualifié du titre d'abbé de Saint-Spire. Delabarre parle de la tyrannie qu'il exerça envers le chapitre de son église [2].

2° *Antoine Bernier* portait ce titre en 1127. Peut-être est-il le même qu'un doyen de l'église de Paris de ce nom, lequel vivait dans le même temps. L'abbé Lebœuf prétend que c'est à tort qu'il figure sur cette liste. C'est, dit-il, dans l'église Notre-Dame, en la même ville, qu'il en a été revêtu [3].

3° *Henri de France*, fils du roi Louis le Gros, frère de Louis VII, sortait du monastère de Clairvaux, lorsqu'il fut pourvu de ce titre. Nourri de la discipline sévère de saint Bernard, il trouva dans le chapitre de Corbeil le relâchement de l'époque. Il en entreprit la réforme, et fut trouvé ridicule par ses chanoines; ceux-ci portèrent même plainte en cour de Rome. On ne parvint à faire abandonner à Henri son projet qu'en l'appelant à l'évêché de Beauvais (1148). Vingt-quatre ans plus tard, il devint archevêque de Reims, et mourut sur ce siége le 13 novembre 1175. Cet abbé, pendant son passage à Corbeil, disposa d'une prébende en faveur de l'abbaye Saint-Victor de Paris. Le prieur de Saint-Guenault, son représentant, en fut pourvu en 1146. Cette

[1] Tome II, article XXVI, page 6 et suivantes.
[2] *Histoire de Corbeil*, page 93.
[3] *Histoire du diocèse de Paris*, tome XI, page 175.

donation fut confirmée par le pape Eugène III, et depuis par arrêt du parlement de Paris, du 27 avril 1550. Du Tillet, en parlant des dignités de Henri de France, a oublié celle d'abbé de Saint-Spire dont ce prince a été incontestablement pourvu. Il avait certainement été l'un des bienfaiteurs de cette collégiale, puisqu'elle célébrait l'anniversaire de son décès.

4° *Philippe de France* succéda à son frère. Ce prince avait été marié à une des filles de Thibault II, comte de Champagne, dont il se sépara pour cause de parenté. Il gratifia immédiatement le chapitre du revenu des prébendes vacantes. Le pape désirait qu'il continuât la réforme commencée par son prédécesseur ; il s'y refusa, et ne fut mêlé à aucune des affaires de son temps. Il existe une charte de 1155, où il prouve combien il avait à cœur les intérêts de sa collégiale. Philippe disposa aussi d'une prébende ; le prieuré d'Essonnes, dépendant de l'abbaye de Coulombs, au diocèse de Chartres, en fut mis en possession. Il fut maintenu dans ce droit en 1544 ; l'arrêt porte que le titulaire occupera au chœur de la collégiale la première place après l'abbé, lorsqu'il y viendra en personne. En quittant Corbeil, le prince abbé fut nommé archidiacre de la cathédrale de Paris ; depuis il en fut élu *évêque*, et déclina cet honneur au profit du savant docteur *Pierre Lombard*, son précepteur et compétiteur. C'était en 1140. Philippe mourut à Paris, et fut inhumé dans l'église Saint-Étienne le Rond, l'une des filles de la cathédrale. Depuis, ses restes ont été transférés derrière le maître-autel de Notre-Dame. La pierre tumulaire qui recouvrait ses restes, portait ces mots : *Hic jacet Philippus filius Ludovici Crassi, regis Francorum, archidiaconus ecclesiæ Parisiensis, qui obiit anno* 1161. On trouve, dans les *Monuments de la monarchie française* du P. Bernard de

Montfaucon [1], la figure de Philippe. Ella a été gravée d'après celle qui se voyait sur ce tombeau.

5°. *Hugues Clément*, d'une bonne famille du Gâtinais, mort doyen de Notre-Dame de Paris, était abbé de Saint-Spire en 1190. Il attacha une des prébendes de la collégiale à l'œuvre de sa fabrique. Ce fut par ses soins que furent dressés les statuts et règlements du chapitre.

6° *Simon de Braîche,* du diocèse de Bayeux, aumônier du roi Philippe VI, et chanoine de la cathédrale de Paris, était abbé de Saint-Spire en 1354. Il fut élevé à la dignité épiscopale, et mourut sur le siége du Mans, le 3 juin 1363.

7° *Michel de Braîche*, succéda à son oncle en qualité d'abbé de Saint-Spire ; on le trouve mentionné dès l'an 1354.

8° *Jean de Chaumont* d'abord chanoine de la Sainte-Chapelle de Paris, permuta l'abbaye de Corbeil pour une cure dans le diocèse de Lyon. Cet abbé assista à la dédicace de l'église Saint-Spire, l'an 1437. Il n'est pas le successeur immédiat du précédent ; mais on n'a rencontré aucune charte qui aidât à remplir ce vide chronologique.

9° *Jean de Mortis*, conseiller au parlement de Paris, chanoine et chantre de la Sainte-Chapelle en ladite ville, devint abbé de Saint-Spire vers le milieu du quinzième siècle. Il fit renouveler en 1454, la châsse du patron de cette église ; c'est à cette occasion, que le roi Charles VI, demanda et obtint pour la Sainte-Chapelle de Paris, une relique du saint évêque de Bayeux. Dans cette même circonstance, fut extrait de la châsse, l'os d'avant-bras conservé à Bayeux. Il était enfermé dans un reliquaire d'argent. La cupidité l'avait précédemment fait perdre à l'église de Corbeil. Retrouvé

[1] Tome ii, p. 48, pl. x.

dans la plaine des Tarterets, le chapitre fut processionnellement le chercher, le 1ᵉʳ juin 1585.

Si l'abbé Mortis fût resté à Corbeil, notre ville eût certainement eu un historien de plus; avec le goût qu'il avait pour les antiquités; il eût au moins fait des recherches utiles à la collégiale dont il était le chef. Les mémoires qu'il a laissés sur le chapitre de Notre-Dame de Corbeil, où il avait été grand chantre, en sont une preuve indubitable. Son ouvrage est resté *manuscrit*, mais D. Du Breuil l'a presque entièrement refondu dans son *Théâtre des antiquités de Paris*. Cet historien s'est trompé en assurant que le *bon Seigneur Jean de Mortis, est enterré en l'esglise des Célestins de Paris, derrière le benoistier* (page 680). L'abbé Lebeuf dit positivement avoir vu sa tombe à l'entrée de l'église basse de la Sainte-Chapelle de Paris. Il marque son décès au mois de mai 1484. Ce qui a pu induire le P. Du Breuil en erreur, c'est qu'en effet il y avait un Jean de Mortis inhumé aux Célestins. Le P. Beurrier, historien de cette famille, cite son épitaphe à l'endroit indiqué. Celui-ci était l'oncle de notre abbé. Peut-être avait-il été lui-même abbé de Saint-Spire à la fin du quatorzième siècle; l'identité de nom et de prénom ne nous permet que la présomption. Il est mort en 1404.

En vertu de la donation d'une côte de Saint-Spire, à la Sainte-Chapelle de Paris, il s'était formé entre le chapitre de Corbeil et celui-ci, une association par suite de laquelle tout chanoine de l'un ou l'autre corps avait le droit de siéger au chœur des deux églises en s'y présentant avec l'habit canonial. L'église de Corbeil reçut en échange du don obtenu d'elle, un morceau de la vraie croix, tiré du trésor de la Sainte-Chapelle. Ces échanges donnèrent lieu à l'épigramme suivante :

Omnipotens *Costam* primi de corpore patris
Obtulit, et carmen pro osse repente replet;
Præsulis extracta et Bajocarum è corpore primi
Costa replet *Costæ* crux-q. minuta vices.
Mors ex carne orta est. De ligno vita recepta est :
Unam rem-q. duos effici utrumque dedit.

10° *Jean de Vast*, qui vint immédiatement, ne figure pas sur la liste de Millin. On a des marques de son passage dès la date du 11 mai 1484 ; mais il est vrai de dire que rien de remarquable ne le signala, et qu'il paraît ne pas avoir conservé longtemps ce titre.

11° *Nicolas Mijon* est cité avec le titre d'abbé de Saint-Spire, dans l'acte du chapitre général de l'an 1491. Il y est question de la fête des Saints-Innocents qui se célébrait d'une manière fort singulière à Saint-Spire, ainsi d'ailleurs que dans beaucoup d'autres églises de France. Il reste des actes d'administration de l'abbé Mijon, datés du 14 juillet 1485.

12° *Denis Morin*, était abbé de Saint-Spire l'an 1513. Il est étonnant que M. l'abbé Guiot, à la perspicacité duquel rien n'échappait, n'ait pas rencontré son nom dans les actes du temps.

13° *Guillaume Moynardeau* portait ce titre en 1529. Cet abbé eut de grandes difficultés avec les chanoines. Ceux-ci lui reprochaient de ne pas se conformer à certains canons du concile de Tolède qui voulaient qu'il se fît raser la barbe et la tonsure ; *eo quod contrà decreta Concilii Toletani, barbâ et tonsurâ non rasis, ad capitulum accessisset.*

Pendant son administration, intervint un arrêt du parlement de Paris, du 6 septembre 1532, qui porta la réforme dans le chapitre. Les règlements des années 1208, 1260 et 1446, y furent rappelés. Delabarre nous a conservé ce document [1]. Nous regardons comme inutile de le reproduire. On y trouve entre autres obligations, celles de ne causer, rire, ni aller et venir pendant la durée des offices ; et de n'entretenir aucunes femmes suspectes d'incontinence ; et surtout de ne point fréquenter les lieux d'où puisse venir scandale.

14° *Denis de Brévedent*, sieur de Vanecrocq, conseiller au parlement de Rouen, était abbé de Saint-Spire, quand survint son décès, dans cette même ville de Rouen, où il était né. Il arriva le 12 juillet 1542 ; on l'inhuma dans le tombeau de sa famille, en l'église de Saint-Sauveur, sa paroisse.

15° *Jacques Ranisy*. On ne sait autre chose touchant cet ecclésiastique, que l'époque de son décès, marqué en 1569. Il occupa néanmoins longtemps cette position. Il faut supposer que son administration avait été sans orage.

16° *Claude Bertrand* figure à ce rang dans la chronologie des abbés de Saint-Spire qu'a fait écrire dans cette église, M. le curé actuel, en 1844. Nous devons ce nom à ses recherches persévérantes.

17° *Michel Mathis*, natif de Corbeil, d'abord attaché à la musique du roi, devint chantre, puis abbé de Saint-Spire, à la fin du seizième siècle.

18° *Gabriel Mathis*, neveu du précédent, et comme lui originaire de Corbeil, lui succéda dans son titre d'abbé de Saint-Spire. Il était bachelier en droit canonique et avait été aumônier du roi Henri IV. Il était abbé de Notre-Dame au moment de la réunion du chapitre à celui de Saint-Spire, le 15 septembre 1601 ; et passa en la même qualité dans

---

[1] *Histoire de Corbeil*, page 228.

cette dernière église. Gabriel Mathis mourut vers 1633; il avait demandé d'être inhumé à Notre-Dame; ses intentions furent religieusement observées. Il avait pour armes : une croix ancrée, trois étoiles et une crosse. On les trouve dans le neuvième volume, folio 435, des épitaphes de l'Ile-de-France, ouvrage manuscrit, conservé à la bibliothèque impériale. (fonds Gaignières).

En mémoire de l'union des deux chapitres; le clergé de Saint-Spire se rendait chaque année processionnellement à Notre-Dame, le 15 août, pour y célébrer les offices de la journée. En y arrivant, les membres du chapitre devaient recevoir du curé, à titre de reconnaissance, une *tubéreuse, naturelle.* Il paraît qu'en 1734, le curé imagina de distribuer cette fleur, *artificielle.* La chapitre protesta; un procès suivit; il fut décidé que le curé voudrait bien à l'avenir ne pas déroger à l'ancien usage.

19° *Martin Lucas.* Nous ne savons que le nom de cet abbé.

20° *Charles Bourlon.* Millin ignorait son nom de baptême. Il a écrit celui patronymique *Bourbon.* Nous devons cette rectification à M. le curé de Corbeil. Dans le temps où vivait cet ecclésiastique, on trouve un chanoine de Langres qui portait le même nom. C'était un poëte latin de quelque réputation. Peut-être est-ce le même personnage que l'abbé de Saint-Spire.

21° *Jacques Geoffroy,* d'abord vicaire à Saint-Eustache de Paris, puis grand vicaire de Reims, était abbé de Saint-Spire en 1640. Cette date prouve que ses prédécesseurs, ou étaient morts assez promptement, ou n'avaient fait que prendre possession et permuter. L'abbé Geoffroy éprouva quelques mortifications l'année de sa prise de possession. On lui reprocha dans le chapitre de se distinguer par un habit de chœur différent pour la forme et la couleur. On ignore s'il en mérita l'absolution. Mais en la donnant au duc de Nemours, en 1652, il reçut un coup mortel qui le mit au tombeau. Il est le seul abbé de Saint-Spire dont nous connaissions le portrait. Il est en notre possession.

22° *Robert Delaunay*, né à Corbeil où son père exerçait l'office de prévôt, mourut l'année même de son installation.

23° *Jean Delaunay*, frère du précédent et comme lui originaire de Corbeil, lui succéda le 14 août 1652. Nous le trouvons en même temps revêtu des fonctions de prévôt qu'avait remplies son père. Il les jugea incompatibles avec la dignité d'abbé, et les résigna. Cet abbé eut de nombreux différends avec le chapitre touchant la préséance et la juridiction. Il s'en référa auprès du métropolitain; l'archevêque de Paris nomma le R. P. de La Chaise, arbitre; cet abbé termina ces différends à la satisfaction des intéressés. Jean Delaunay est décédé à Corbeil, en 1681; il a été inhumé dans le chœur de la collégiale.

24° *Nicolas Delaunay*, de la même famille, était chanoine régulier de la congrégation de France, lorsqu'il fut pourvu de la dignité abbatiale de Saint-Spire, le 7 février 1681. Il conserva ce titre jusqu'à sa mort survenue en 1718.

25° *Pierre Delalande*, vint immédiatement après; il abdiqua en 1731, et mourut chanoine et prévôt de la cathédrale de Marseille, après avoir fait de vains efforts pour arriver à la dignité priorale de la commanderie de Saint-Jean de l'Isle, à Corbeil.

26° *Jean François Beaupied*, du diocèse de Grenoble, docteur en théologie de la faculté de Paris, prit possession en janvier 1732. On lui doit les *Vies et miracles de saint Spire et de saint Leu, évêques de Bayeux*. C'est lui qui a fourni aux auteurs de la *Gallia christiana*, l'article qui concerne notre collégiale [1]. On sait, qu'il n'est pas exempt de critiques. L'abbé Beaupied est mort le 18 novembre 1753, à Corbeil; il a été inhumé dans le chœur de Saint-Spire.

27° *Guillaume Giffard*, Fitz Haris, d'origine Irlandaise, fut nommé abbé de Saint-Spire le 8 avril 1754; il était alors curé de Mennecy. Il est mort titulaire, le 15 mai 1778, et a été inhumé auprès de son prédécesseur.

28° *Nicolas Testu*, du diocèse de Paris, aussi curé de Mennecy, en fut tiré par le duc de Villeroy, seigneur engagiste de l'ancien comté de Corbeil, pour être placé à la tête de la collégiale de Saint-Spire; son installation se fit le 17 septembre 1778. Cet abbé est mort le 8 mars 1786, on l'a aussi inhumé dans le chœur de cette église.

29° *Jean Séguin de Montrosier*, du diocèse de Clermont; vicaire général de Saint-Claude, avait été installé abbé de Saint-Spire, le 13 juillet 1786. Il perdit ce titre à l'extinction du chapitre, le 30 décembre 1790, et se retira à Paris, où il est mort le 13 mars 1818. Il était aumônier d'un régiment de la garde.

§ XIII.

Il nous reste peu de choses à dire pour terminer notre monographie. C'est au commencement de l'année 1792, que se consomma la réunion des paroisses de Corbeil en une seule; et ce qu'a fait l'évêque constitutionnel *Avoine*, a été ratifié par la nouvelle organisation ecclésiastique établie en vertu du concordat de 1801. Lorsque éclata la révolution, nos paroisses étaient, les unes succursales; telle *Notre-Dame* dans

Voyez tome VII.

la ville ; *Saint-Léonard* et *Saint-Jacques* dans les faubourgs. Le territoire de Corbeil s'étant successivement formé aux dépens de ceux d'Essonnes, de Saint-Germain et du Perray, on comprend qu'il dut en être ainsi. Les autres étaient paroissiales ; c'étaient : *Saint-Martin* dans Saint-Spire ; et *Saint-Guenault*, au prieuré de ce nom. Elles furent établies autrefois pour les serviteurs du clergé renfermés dans le *pourpris* de ces églises. Toutes ont été annexées à l'ancienne église collégiale de Saint-Spire, sous le vocable de ce saint pontife. L'ecclésiastique appelé à la desserte de cette cure, a été M. Augustin-François Gontard, ci-devant curé de Saint-Étienne d'Essonnes et de Notre-Dame de Corbeil. Les circonstances ne tardèrent pas à rendre l'exercice du culte impossible ; il se retira alors à Paris. Il y est mort le 24 juin 1789, à l'âge de soixante-dix-huit ans, sur la paroisse Saint-Jacques du Haut-Pas (23). Le calme s'étant rétabli, plusieurs anciens chanoines de Saint-Spire, à la tête desquels se plaça l'abbé Guiot, ancien prieur de Saint-Guenault, réorganisèrent le culte dans cette église, en juin 1795. Les choses subsistèrent ainsi jusqu'à la fin de l'année 1802. A cette époque, monseigneur Charrier-Laroche, placé sur le siége de Versailles, en vertu du nouveau concordat, nomma à la cure de Corbeil, M. *Charles-Antoine Mariette*, ancien chanoine de Saint-Spire ; cet ecclésiastique mourut avant son installation, le 28 fructidor an X, à l'âge de 54 ans. On lui donna pour successeur, M. *Jean Mesléart*. Celui-ci se résigna au commencement de l'année 1806. Il est mort à Paris vers 1810, chanoine honoraire de la métropole. M. *Jean Roussin*, curé de Draveil, lui succéda à Corbeil et y demeura jusqu'en 1816, époque où il passa à Saint-Germain-en-Laye ; puis il devint chanoine titulaire de Versailles, et mourut dans cette ville, le 24 octobre 1837, à l'âge de quatre-vingt-huit ans. Comme Tobie, il avait été sensiblement éprouvé par la perte de la vue. M. *Paul Chauchet*, curé de Morsang-sur-Orge, fut appelé à lui succéder à Corbeil. Il est mort titulaire et chanoine honoraire de Versailles, à Bricquenay (Ardennes), lieu de sa naissance, le 4 juin 1832, dans sa soixante-quatrième année. Le titulaire actuel est M. *Augustin Girard*, né à Chartres le 3 janvier 1797. Il était vicaire de la cathédrale de Versailles. Son installation s'est faite le 22 juillet 1832.

§ XIV.

Malingre, dans ses *Antiquités de Paris* [1], nous donne une idée de ce qu'était de son temps la solennité du cinquième dimanche après Pâques, à Corbeil. Ce n'était pas seulement chez nous, que cette époque de l'année avait été choisie pour honorer plus particulièrement les saints. Sans doute en souvenir des pratiques observées dans l'antiquité chrétienne par beaucoup d'églises, qui, le jour de l'Ascension faisaient une procession solennelle où l'on portait toutes les reliques pour indiquer le retour des saints au ciel, comme celui de Jésus-Christ à son père. Pour nous renfermer dans le diocèse de Versailles, ce qui se passe à Corbeil, se renouvelle chaque année à Étampes (24), à Longpont (25), le mardi de la Pentecôte; et à Mantes (26) le premier mai. A Corbeil, la procession se fait au milieu d'un concours qui n'est pas moindre qu'aux plus beaux jours des temps passés ; quoique les reliques soient renfermées dans de modestes châsses où ne brillent plus l'or et l'argent!

Nous ne dirons rien de la descente des châsses, toujours en

---

[1] Livre IV, page 145.

usage, ainsi que le chant des mêmes cantiques. Jusqu'en 1789, on célébra la veille de la fête, à minuit, une messe qui était celle du dimanche occurrent. Les matines la précédaient ; et pendant ce temps, l'église se remplissait de pèlerins, assis comme on l'était dans les églises des premiers siècles (27). Tant de familles réunies causaient sans doute beaucoup de confusion ; mais les scandales de cette agrégation nocturne, n'étaient ni si fréquents, ni si révoltants qu'on affectait de le publier. On voulait amener monseigneur l'archevêque de Paris à défendre la cérémonie, en lui représentant les abus signalés autrefois à Saint-Maur, dans l'église de l'abbaye duquel pareille solennité se renouvelait la veille de la Saint-Jean. Disons-le, quelque peu éclairée que pût paraître la piété du plus grand nombre, leur foi en couvrait les imperfections. A l'heure du sacrifice, leurs cris ressemblaient à ceux des lépreux et des aveugles que guérissait autrefois l'auteur de la vie et de la mort qui a voulu partager sa puissance avec ses plus fidèles serviteurs. La procession du lendemain, rassemblait au Tremblay, une innombrable quantité de fidèles, plus avides de la parole qui devait leur raconter les mérites de nos saints patrons, que de scandales ! quoi qu'en ait dit aussi dans ces derniers temps, M. *Colin de Plancy*, aujourd'hui rentré dans le giron de l'Église [28].

Outre la fête de la translation des Reliques, établie à Corbeil en 1317, à l'occasion d'un changement de châsses, le martyrologe de l'Église de France inscrit, à la date du 28 avril, celle de la réception des corps saints à Corbeil. Cette solennité n'est pas indiquée dans l'ancien *Ordo* du chapitre. Pendant longues années, les fêtes de nos saints patrons ne furent point oubliées ; *Saint-Spire*, le 1er août ; *Saint-Leu*, le 25 octobre ; *Saint-Regnobert*, le 16 mai. Le chapitre négligeait la dernière de ces fêtes, en ces temps derniers. La paroisse ne célèbre plus que la première.

Que d'ineffables consolations les habitants de Corbeil ont puisées dans ce sanctuaire, durant leurs jours de malheurs et de calamités ! La joie aussi, les y conduisit souvent ; quand, après l'incorporation de notre cité au domaine royal, vers 1120, nos rois vinrent se placer sous la protection de nos saints pontifes, à partir de Louis le Gros jusqu'à François Ier. De là, au moyen âge, ces solennités commandées par les circonstances. On sait qu'alors, les châsses étaient descendues et portées processionnellement à Notre-Dame des Champs, au-dessus d'Essonnes, ainsi que celle de Sainte-Geneviève de Paris l'était à la métropole. C'est là ce qui nous a fait dire [29] : « Lorsque le goût et l'attachement pour un de leurs plus agréables palais ne fixaient plus nos rois à Corbeil, la dévotion du pays, celle à Saint-Spire, pèlerinage célèbre, si suivi au moyen âge, les y attirait encore quelquefois, et c'est à cette piété qu'on fut principalement redevable de l'avantage de les revoir dans la personne de François Ier ; il y passa plusieurs jours en 1519, et assista le 6 août, avec Louise de Savoie, sa mère, duchesse d'Angoulême, Claude de France, son épouse, et une nombreuse et brillante cour, à une procession générale des reliques de la collégiale Saint-Spire, dans laquelle figurait le clergé des paroisses et communautés de la ville. On se rendit à Notre-Dame des Champs [30], au-dessus d'Essonnes, où se fit la station. » Le roi Henri IV, assistait à une semblable cérémonie, à Corbeil, le 9 août 1601.

Oh ! combien nous aimons ce sanctuaire tout dépouillé qu'il est de tant de richesses, mais d'ailleurs si riche de ses souvenirs ! Est-ce parce que le cœur s'attache à l'église où l'on a reçu le baptême et prié enfant ?

§ XV.

HYMNE SPÉCIALEMENT COMPOSÉE POUR LA PROCESSION DES RELIQUES,

A Corbeil, le 5e Dimanche après Pâques [31].

Incipite in Domino in tympanis : cantate Domino in organis. (*Judith*, 16.)
Commencez à chanter les grandeurs du Seigneur au son des tambours : et que l'orgue leur dispute en harmonie.

Qui revertas profunda de tenebris et producit in lucem umbram mortis. (*Job*, cap. xii, ỹ. 22.)
C'est lui qui met au grand jour ce qui était profondément enseveli dans les ténèbres ; et fait que ce qui était dans l'ombre de la mort soit exposé à la lumière.

Vos o sancta quibus tollere pignora,
Ferventes-q; datur ducere per vias ;
    Hic et jungite dextras,
    Hic et jungite pectora.

O vous dont on fait choix pour porter les saintes reliques par tous les endroits qu'elles doivent honorer de leur présence, et où elles sont attendues avec impatience ; venez réunir vos efforts et vos services ; que les sentiments de vos cœurs soient encore plus étroitement unis que les secours de vos bras [32].

Jubilate Deo omnis terra, psalmum dicite nomini ejus ; date gloriam laudi ejus. (*Ps.* » ỹ. ».)
Que toute la terre tressaille d'allégresse : que le nom de l'Éternel soit le sujet de vos cantiques : rendez gloire à celui qui mérite tant de louanges.

Qui vivificabit et mortalia corpora vestra propter inhabitantem spiritum ejus in vobis. (*Rom.*, cap. viii, ỹ 11.)
C'est lui qui doit vivifier vos corps, même après avoir subi la mort, à cause de l'esprit divin qui aura fait sa demeure en vous,

Concurrunt : dociles en humeros sacro,
Supponunt oneri : sarcina fit levis :
Divo fortis amore
Hanc ultrò pietas fugat.

Ils s'empressent de combler le vœu de l'Église, et la charge glorieuse qui leur est confiée, pèse déjà sur leurs épaules dociles : mais est-ce bien un véritable fardeau que celui qu'impose la piété, et qu'adoucit l'amour divin.

Benedicite gentes Deum nostrum, et auditam facite vocem laudis ejus. (*Ps.* » ẏ. ».)
Bénissez, ô nations, notre Dieu, et faites retentir au loin les accents de vos louanges.

Qui numerat multitudinem stellarum, et omnibus eis nomina vocat. (*Ps.* CXLVI, ẏ 4.)
C'est lui qui compte la multitude des étoiles du ciel, et les appelle toutes par leur nom.

Florum dùm capiti stant diademata,
Tractant sceptra rudes gemmea dùm manus ;
Quàm lætùm premit arcam,
Albens turba sodalium !

Sur leurs têtes, sont des couronnes de fleurs, et des sceptres de cristal dans leurs mains [33]. Avec quelle joie sainte, cette foule de pieux confrères n'environne-t-elle pas l'arche confiée à ses soins !

Collaudate canticum, et benedicite Dominum in operibus suis. (*Eccl.*, 39.)
Entonnez un cantique de louange, et bénissez le Seigneur de ses œuvres.

Qui dat lasso virtutem, et his qui non sunt fortitudinem et robur multiplicat. (*Is.*, cap. XL.)
C'est lui qui rend la force à celui en qui elle est épuisée, et remplit de vigueur ceux qui sont tombés dans la défaillance.

Pro Jordane sitim qui levat Exona
Tu, Baptista, caput saltibus exere :
Agnum sic eumdem
Monstrant quos gerimus, patres.

Digne Précurseur du Messie, qui retrouvez le Jourdain dans les eaux qui baignent un des autels qui sont sous votre invocation, levez la tête du fond de votre nouveau désert [34], et voyez que vous n'êtes pas le seul à annoncer l'Agneau de Dieu ; nos saints patrons ont rempli la même mission, et s'acquittent encore du même devoir.

Omnes gentes, plaudite manibus, jubilate Deo in voce exultationis. (*Ps.* xlvi, ŷ. 1.)

Peuples de l'univers, multipliez vos applaudissements, et faites éclater les transports de l'allégresse en présence de votre Dieu.

Qui tollit peccatum mundi, et redemit nos ab inimicis nostris. (*Joan.*, c. v, ŷ 24.)

C'est lui qui efface le péché du monde, et nous a délivrés des mains de nos ennemis.

> Jàm vocare graves desiit æs sonos,
> Succedunt proprii carmina cantici ;
> His accensa calescunt
> Mentes, corda-q ; cantibus !

Les sons graves et répétés, qui ont annoncé cette marche pompeuse ont enfin cessé. (L'orgue, les cloches.) Les fidèles ont dans la bouche un cantique propre à la solennité. Que leurs chants harmonieux, attachent les esprits et raniment leurs cœurs !

Cantate Domino, canticum novum, quia mirabilia fecit. (*Ps.* xcvii, ŷ 1.)

Préparez au Seigneur un cantique nouveau, parce qu'il a signalé sa puissance par les plus grandes merveilles.

Qui immisit in os meum canticum novum : carmen Deo nostro. (*Ps.* xxxix, ŷ 4.)

C'est lui qui a mis sur nos lèvres de nouvelles louanges, pour être consacrées à sa gloire.

> In templo colitur quæ bona proximo
> Matri prima salus debita Virgini :
> Id natos docuêre
> Cultûs reddere præsules.

Que nos premiers hommages après Dieu, soient pour la Vierge-Mère honorée dans le temple voisin [35]. C'est un devoir que nous ont appris à lui rendre les pontifes dont nous portons les reliques.

Psallite Domino in cythara, in cythara et voce psalmi. (*Ps.* xcvii, ỳ 9.)

Que dans les concerts que vous écouterez à la louange du Seigneur, la guitare et la lyre soient les premiers instruments dont les sons s'accordent avec votre voix.

Qui narrabit in scripturis populorum et principum : horum qui fuerunt in eâ. (*Ps.* » ỳ. ».)

C'est lui seul qui pourra dans la description des peuples et des grands, dire le nombre de ceux qui auront été sous les ailes de cette Vierge incomparable.

> Horum signa sequi quos dator impotens,
> Affligi miseros liminibus jubet ;
> Umbrâ, credite, solâ,
> Morbi causa fugabitur.

Vous à qui la douleur ne permet pas de quitter le seuil de vos maisons, ni de suivre nos drapeaux, que votre foi se ranime à la vue de la châsse dépositaire du remède nécessaire à vos maux. Son ombre seule peut vous en guérir.

Venite, audite; et narrabo, omnes qui timetis Deum, quanta fecit animæ meæ. (*Ps.* » ỳ. ».)

Venez et écoutez ce que j'ai à vous raconter, ô vous qui craignez Dieu, des bienfaits dont il a comblé mon âme !

Qui propitiatur omnibus iniquitatibus tuis, qui sanat omnes infirmitates tuas. (*Ps.* cii, ỳ. 3)

C'est lui qui vous pardonne toutes vos iniquités et guérit toutes vos langueurs.

> Non quæ dura tulit vulnera Bethsames,
> Hìc mortem nec Ozæ, quisquis ades, time ;
> Aurum si pius arcæ
> Puro lumine conspicis.

Que personne ne craigne ici les coups dont furent frappés les Bethsamites, et le lévite Oza; mais n'allez pas les provoquer en jetant sur cette arche un regard qui ne serait pas avoué par la religion.

Diligite Dominum omnes sancti ejus, quoniam veritatem requiret Dominus facientibus superbiam. (*Ps.* xxx, ỳ 39.)

Aimez le Seigneur, vous que caractérise sa sainteté, parce que sa vérité recherchera et jugera ceux qui sont esclaves de l'orgueil.

Qui glorificatur in concilio sanctorum magnus et terribilis super omnes qui in circuitu ejus sunt. (*Ps.* LXXXVIII, ẏ 8.)

C'est lui qui est glorifié au milieu des saints, plus grand, plus redoutable que tous ceux qui l'environnent.

> Arcus en famulos flectere pons amat ;
> Nullos ora modos pangere cogitans ;
> Solâ nunc decet undâ
> Sanctis plaudere Sequanam.

Le pont qui couvre la Seine, et nous procure un passage sur les eaux, semble abaisser respectueusement ses arcades sous nos pieds. Cessons toute mélodie, afin que le fleuve lui-même prenne part à l'allégresse publique, et qu'on puisse entendre ses vagues applaudir aux saints qui vont passer au-dessus.

Laudate Dominum in tympano et choro, laudate eum in chordis et organo. (*Ps.* CL, ẏ 4.)

Louez le Seigneur au son des instruments les plus capables d'accompagner un chœur composé de voix harmonieuses.

Qui statuit procellam ejus in auram, et siluerunt fluctus ejus. (*Ps.* » ẏ. ».)

C'est lui qui change les tempêtes en un souffle doux et léger, et les flots apaisés font à peine entendre leur murmure.

> Fluctu qui premitur fluctus ab altero,
> Velox Neustriacas edoceat plagas,
> Nobis cara suorum
> Quàm sint corpora præsulum.

Qu'ils aillent apprendre aux contrées Neustriennes, ces flots qui se pressent les uns sur les autres, qu'ils leur disent combien nous leur disputons en amour, en respect, dans le culte que nous rendons à leurs plus chers pontifes.

Præcinite Domino in confessione, psallite Deo nostro in cythara. (*Ps.* CXLVI, ẏ 7.)

Publiez dans vos chants la grandeur du Seigneur, que la lyre accorde pour lui les fils harmonieux qui doivent rendre des sons si ravissants !

Qui custodit omnia ossa eorum : unum ex his non conteretur. (*Ps.* xxxii, ỹ 21.)

C'est lui qui conserve les ossements de ses serviteurs : pas un seul n'éprouve la moindre atteinte.

> Riparum geminant verba loquacium
> Colles lætitiæ participes sacræ;
> Florentis-q ; tributum
> Censûs, quà licet, offerunt.

Les rivages d'alentour sont l'écho de nos chants ; les collines le deviennent aussitôt des rivages, en partageant notre allégresse : et les pampres dont elles sont couvertes semblent découvrir les fruits naissants dont elles offrent le tribut.

Exultate Deo adjutori nostro, jubilate Deo Jacob. (*Ps.* lxxx, ỹ 1.)

Témoignez la joie la plus vive au Dieu qui seul est notre aide et notre force : c'est le Dieu de Jacob. Comment ne pas nous livrer à cette sainte allégresse ?

Qui emittit fontes in convallibus, inter medium, montium pertransibunt aquæ. (*Ps.* ciii, ỹ 10.)

C'est lui qui fait jaillir les fontaines dans les vallons, et filtrer les eaux limpides à travers les montagnes.

> Turres nunc ubi sunt sideribus pares?
> Terræ saxa sinu vel fluvio latent :
> His divina triumphas,
> Arx urbis melior, fides.

Où sont ces tours orgueilleuses qui menaçaient les cieux [36]? La terre ou les flots en ont englouti les ruines. Vous seule, ô foi céleste subsistez : et cette cité vous regarde comme la plus puissante forteresse.

Sumite psalmum, et date tympanum : psalterium jucundum cum cythara. (*Ps.* lxxx, ỹ ».)

Entonnez des psaumes, unissez-y les cymbales, mêlées à l'harmonie de la lyre et de la harpe.

Qui confregit ibi potentias arcuum, scutum, gladium et bellum. (*Ps.* lxxv, ỹ 24.)

C'est lui qui a brisé en ces lieux, les arcs, les boucliers et les épées de ceux qui s'en étaient armés.

>   Abbates facili, par grave, qui jugo
>   Spectantur, solitas despiciunt preces :
>   Thus nostris et uterque
>   Ultrò miscet amoribus.

Les deux saints abbés vénérés sur la colline prochaine [37] semblent oublier les honneurs qu'ils sont accoutumés de recevoir de notre piété; et ils se réunissent pour céder leur encens à ceux qui sont l'objet de notre amour.

Buccinate in neomeniâ tubâ : in insigni die solemnitatis vestræ. (*Ps.* LXXX, ℣ 3.)

Sonnez de la trompette, comme dans les néomenies et dans les plus grands jours de vos solennités.

Qui eduxit vinctos in fortitudine, similiter eos qui exuperant, qui habitant in sepulchris. (*Ps.* LXVII, ℣ 7.)

C'est lui qui fait sortir par sa puissance ceux qui sont dans les liens : il fait aussi par sa justice que ceux qui se révoltent contre lui habitent dans les sépulcres qui deviennent pour toujours leur demeure.

>   Gratas Hesperiæ gentis apostolo
>   Cùm prætergredimur, quà colitur, domos :
>   Poscamus det ut agrum
>   Det contingere prosperum.

Arrivés à l'endroit où l'apôtre de l'Espagne est honoré [38] par des fidèles qui lui sont chers, ne formons d'autres vœux que pour arriver heureusement au champ qui doit être le terme de notre marche solennelle.

Benedicite Domino omnes angeli ejus, potentes virtute, facientes verbum ejus. (*Ps.* CII, ℣ 21.)

Bénissez le Seigneur, intelligences célestes, revêtues de sa puissance et de sa vertu pour accompagner sa parole.

Qui facit angelos suos spiritus, et ministros suos ignem urentem. (*Ps.* CIII, ℣ 4.)

C'est lui qui rend ses envoyés aussi légers que les vents, et ses ministres aussi prompts, aussi actifs, que des flammes ardentes.

>   En apparet ager, terminus et viæ
>   Illic et statio relliquias manet :

Illic esca paratur
Justi quæ satiet famem.

Le terme désiré est présent à nos yeux [39], et nous y portons nos pas, pour y déposer quelque temps les saintes reliques : et déjà s'y prépare le pain de la parole pour les âmes affamées de la justice [40].

Sperate in Domino omnis congregatio populi, effundite coràm illo corda vestra. (*Ps.* LXI, ⅌ 8.)

Peuple, qui formez la plus nombreuse partie de ce cortége ; espérez au Seigneur, et répandez vos cœurs en sa présence.

Qui posuit fines tuos pacem, et adipe frumenti satiat te. (*Ps.* CXLVII, ⅌ 3.)

C'est lui qui a établi la paix jusques à vos confins ; et vous rassasie du meilleur froment.

Sentit gramineus quos recreet vivor ;
Triplex indè lapis quos gerat appetit.
Vicinis que superbit
Jàm præclarus honoribus.

Rien qui ne paraisse sentir la présence du saint dépôt dont on va jouir en ce séjour champêtre, jusqu'aux pierres élevées qui doivent le recevoir, et déjà s'enorgueillissent de le soutenir ; jusqu'à l'herbe jalouse de toucher les pieds de ceux qui l'y portent avec un religieux respect.

Venite et reddite Domino Deo vestro, omnes qui in circuitu ejus affertis munera. (*Ps.* LXXV, ⅌ ».)

Venez rendre au Seigneur votre Dieu l'hommage de votre reconnaissance, vous tous qui vous rendez en ces lieux pour y faire vos offrandes.

Qui statuit super petram pedes meos, et direxit gressus meos. (*Ps.* XXXIX, ⅌ 3.)

C'est lui qui a affermi nos pieds sur la terre ferme, et conduit nos pas dans des chemins assurés.

Sublimis mediâ qui stat in areâ,
Crux regina suos optima milites,
Ceu circumdata natis,
Acclines genibus vocat.

La croix surtout qui domine en ce lieu, semble appeler à ses pieds ceux qui sous cet étendard vont comme autant d'enfants auprès de leur mère, se ranger autour de ce signe adorable du salut, et lui rendre les plus profonds hommages.

Confitemini Domino, filii Israel ; in conspectu gentium laudate eum. (*Tob.* 13.)

Rendez gloire au Seigneur, enfants d'Israël, et répétez ses louanges en présence des nations.

Qui exaltavit lignum humile, et frondere fecit lignum aridum. (*Ezech.*, c. xvii, ŷ 24.)

C'est lui qui a glorifié un bois ignoble, et fait croître de l'ombrage d'un tronc sec et aride.

> Campestri populus qui cathedrâ doces
> Narra flexanimi voce paraverit
> Numen quanta patronis,
> Servet quanta clientibus.

Ministre de l'Évangile, chargé de l'enseigner à la multitude qui vous environne, développez ce qu'à fait le ciel pour les saints qu'elle réclame avec confiance, et ce qu'elle peut également en obtenir par la vivacité de sa foi.

Afferte Domino gloriam et honorem, afferte Domino gloriam nomini ejus. (*Ps.* xxviii, ŷ ».)

Apportez aux pieds du Seigneur le tribut d'honneur et de gloire que vous lui devez : rendez cet hommage solennel à la grandeur de son nom.

Qui annuntiat verbum suum Jacob ; justitias et judicia sua Israel (*Ps.* cxlvii, ŷ 8.)

C'est lui qui annonce la parole aux enfants de Jacob, et fait connaître ses jugements et ses ordres à Israël.

> Quorum sub pedibus terra latet silens,
> Hæc vos pectoribus semina condite ;
> Hoc et rore madentes
> Fructus edite debitos.

Et vous, peuple, qui couvrez la face de cette terre sanctifiée, gravez profondément en vos cœurs chacune des paroles que vous allez entendre, et puisse la semence fécondée par cette céleste rosée donner les fruits qu'elle doit produire en vous.

Lætamini justi in Domino : et confitemini memoriæ sanctificationis. (*Ps.* xxxvi, ẏ 13.)

Réjouissez-vous justes, dans le Seigneur, et publiez tout ce qu'il a fait pour vous sanctifier.

Qui replet in bonis desiderium tuum, renovabitur ut aquilæ juventus tua. (*Ps.* cii, ẏ 5.)

C'est lui qui comble vos désirs par les biens qu'il vous prodigue. Votre jeunesse sera renouvelée comme celle de l'aigle.

Transibat faciens qui populis benè,
Per sanctos eadem qui renovat bona,
Nobis hic via factus,
Det Christus patriâ frui.

Que le Dieu Sauveur qui marquait ses pas par autant de bienfaits, et les renouvelle par ses saints, soit notre voie, ainsi qu'il est notre vie : et nous mette en possession de notre véritable patrie.

Exaltate Dominum Deum nostrum, et adorate in monte sancto ejus. (*Ps.* xcviii, ẏ 12.)

Exaltez et glorifiez le Seigneur notre Dieu, et adorez-le sur la montagne sainte.

Qui facit magna et inscrutabilia, et mirabilia absquè numero (*Tob.*, 5.)

C'est lui qui opère de grandes choses : le nombre en est infini, comme leurs effets sont merveilleux et leurs causes impépénétrables.

Amen. [41]

Malgré la longueur de ce cantique le titre de plusieurs de nos églises n'a pu y trouver place. Nous allons y suppléer. Nommons d'abord l'église Saint-Jean dans la ville. Cet édifice a été le troisième du nouveau Corbeil. Mauger, comte de cette ville, confirma la donation qu'en fit Nantier son vicomte, au monastère de Saint-Maur des Fossés. Mauger, archevêque de Rouen, oncle du comte de Corbeil, s'y retira, dans le temps de ses brouilleries avec Guillaume le Conquérant. On donna alors à ce prieuré, le nom d'*Ermitage*. C'est ce prélat qui y déposa les reliques de saint Quirin et de sainte Pience. Au dix-huitième siècle, cette maison fut abandonnée aux marguilliers de la paroisse Notre-Dame pour y loger le clergé de cette église. Ceux-ci, la cédèrent en 1644 aux religieuses de la congrégation de Notre-Dame [1]. Ces Dames étaient chargées de l'éducation des jeunes filles de la ville. En 1792, elles durent abandonner leur clôture. L'hospice civil en a depuis pris possession. La chapelle a seulement été rendue au culte en 1825. Le Saint-Vincent de Paul du maître-autel a été peint par *Clément Boulanger*, dont les arts déplorent la perte prématurée.

L'hospice était précédemment sur la place même, du marché de la ville. C'était un monument de la piété des princesses à qui le domaine de Corbeil fut donné en douaire. André Thévet en a été administrateur; il emporta les papiers de cette maison à Paris, où ils ont été perdus durant les troubles de la Ligue. Cette circonstance nous prive de documents certains. La mairie actuelle était une dépendance des bâtiments de l'Hôtel-Dieu.

Au dehors des murs de la ville, à l'est, était la paroisse Saint-Nicolas succursale d'Essonnes ; elle avait été érigée dans le quinzième siècle, et a été détruite dans le suivant, parcequ'elle nuisait à la défense de la ville dont elle commandait les fortifications. En 1601, Notre-Dame fut réclamée par les habitants pour la remplacer, et devint leur nouvelle paroisse. Le glorieux thaumaturge Nicolas, aussi fameux dans l'Orient, que le grand saint Martin, dans l'Occident est toujours honoré chez nous ; le corps des mariniers

---

[1] Dont le fondateur est le bienheureux père Fourrier de Mattincourt.

et les enfants de chœur de la paroisse observent le 6 décembre. Ces derniers chantent la prose si populaire, en son honneur : *Sospitati dedit œgros, olei perfusio*, etc.

La Maladrerie était de ce côté, c'est-à-dire, vers Nagy. Elle a été fondée en 1201. La chapelle était titrée de Saint-Lazare. Il y avait encore des lépreux en 1548. Un siècle plus tard, cette maison était devenue un ermitage, on l'appelait le mont Saint-Michel, ce qui indique qu'elle était sur la côte.

Les Récollets s'étaient installés à Corbeil le 10 mai 1637; leur église était placée sous le vocable de Sainte-Geneviève, de Paris. Enfin, il faut mentionner en terminant la chapelle du collége, établie après le décès de Jacques Bourgoin, son fondateur; c'est-à-dire, en 1661. Elle avait le Précurseur du Messie pour patron. Il y avait donc à Corbeil trois temples élevés en son honneur ! Quel plus puissant protecteur que celui qui administra le baptême à Jésus-Christ ! L'usage s'en est perpétué, non plus au milieu des eaux du Jourdain, mais sur ces fonts où l'église fondée par le Fils de Dieu, nous fait chrétiens au nom du Père, du Fils et du Saint-Esprit. Ainsi soit-il.

APPENDICE

[1] Il n'est pas rare d'emprunter une épigraphe au *Psautier*. De toutes les traductions françaises qui en ont été faites, nous avons donné la préférence à celle du littérateur La Harpe. Cet académicien trouva une retraite à Corbeil après le 18 fructidor, et il s'y livra entièrement à la méditation des livres saints. Rentré à Paris après le 18 brumaire, ses écrits et ses discours contre le parti philosophique l'en firent exiler ; il fut assez heureux dans cette nouvelle circonstance pour obtenir d'être interné à Corbeil. La Harpe put bientôt revenir à Paris, et il y mourut le 11 février 1803, à l'âge de 63 ans.

[2] Ce que nous savons sur notre histoire locale est le fruit des recherches de trois Normands. Il faut certainement attribuer cette circonstance à leur reconnaissance envers saint Exupère, leur apôtre, devenu notre patron. *Delabarre*, historien de Corbeil, en 1647, a été dix-sept ans prévôt de cette ville (voyez ce que nous avons dit de ce magistrat dans nos *Recherches étymologiques et historiques sur les rues de la ville de Corbeil*). — *François-Joseph-André Guiot*, né à Rouen en 1739, mort curé de Bourg-la-Reine, près Paris, le 21 septembre 1807, avait été chanoine régulier de l'abbaye Saint-Victor, puis prieur-curé de Saint-Guenault, à Corbeil, bénéfice qui dépendait de cette abbaye. L'abbé Guiot ne négligea jamais l'occasion d'instruire ; guidé par son goût pour

les travaux historiques, il sut mettre à profit le court intervalle qui le séparait des événements de 1789, et tira de nos archives, à la veille d'être dispersées, des trésors inconnus dont nous-même avons fait notre profit. Ce qu'il a laissé manuscrit, ce qu'il a livré à l'impression touchant l'histoire de Corbeil, est considérable. Nous le dirons un jour. Enfin M. *Raymond*, ancien cluniste, depuis agrégé à l'Université de France, né à Conches (Eure), mort au Petit-Charonne, banlieue de Paris, en 1828, dans un âge avancé; a donné trois lettres fort curieuses sur nos monuments religieux; elles ont été insérées dans la *Quinzaine littéraire*, dix ans avant sa mort. Ce travail donne la preuve de sa vaste érudition et de ses connaissances en archéologie.

Un nom, non moins cher à Corbeil, est celui du chevalier *Millin*. Il a conservé dans ses *Antiquités nationales* celles de nos cantons. Tout ce qui y est tombé sous le coup de la révolution, revit dans ce livre. C'est le mémorial de nos antiquités locales.

[3] *Paludellum*, de *palus*, marais. On voit encore les ruines de cette forteresse au milieu des eaux de la rivière de Juisne, trois lieues au-dessus de Corbeil. Le territoire de Palluau fait partie de la commune de Ballancourt. Il y a dans le département et sur la rivière de l'Indre un village également appelé *Palluau*. On en trouve un second dans le département de la Vendée. Tous paraissent avoir la même origine étymologique.

[4] Il ne faut pas confondre le patron de Corbeil avec le célèbre rhéteur de Bordeaux du même nom, connu pour avoir enseigné à Toulouse et à Narbonne, sous Constantin; ni avec les prélats également ses homonymes, placés autrefois à la tête des diocèses de Toulouse, de Coutances et de Metz. Le nom de ce dernier siége nous rappelle le poëte Ausone, qui, entre autres traits de *grécomanie*, voulut que son fils portât le nom harmonieux d'*Hespère*, le même que celui de l'évêque Messin dont nous venons de parler; ce dernier était aussi appelé *Saint-Spire* par le peuple.

[5] *Vie des saints*, tome II. Table critique des auteurs et des traités, ou pièces servant à l'histoire de la *Vie des saints* du mois d'août.

[6] Indépendamment de ces travaux, il ne faut pas oublier : *La vie de saint Exupère*, par le sieur de la Frémondière (1630), conservée dans l'ancien fonds de la Bibliothèque impériale, et qui

n'a pas été imprimée; une autre, par Pierre de Sallen, imprimée, in-f°. Jean Delabarre a aussi consacré un chapitre de son ouvrage sur Corbeil à chacun des saints en honneur dans cette cité. MM. Dubois et Hermant, du diocèse de Bayeux, n'ont pas oublié nos patrons. Enfin nommons encore, en terminant, les savants Bollandistes, auteurs des *Acta sanctorum*.

Il est aussi peu de saints dans l'Église en l'honneur desquels plus d'hymnes aient été composées. Saint Exupère, en particulier, en a été l'objet dans l'antiquité et dès avant le dixième siècle, où l'on ne célébrait encore que le jour de sa mort dans l'église de Bayeux. La translation de ses restes, arrivée presque dans ce temps, donna lieu à une nouvelle fête et à de nouveaux cantiques sacrés, à Palluau d'abord, à Corbeil ensuite. Ceux actuellement en usage dans notre église sont dus au P. *Simon Gourdan*, de Saint-Victor, mort en odeur de sainteté, à Paris, dans sa communauté, le 10 mai 1729, à l'âge de 83 ans. On sait qu'il les composa à la sollicitation d'Eustache de Blémur, son confrère et son ami, prieur de Saint-Guenault. La première édition est de 1715, in-8°. Celui qui chantait et imitait si bien les saints est souvent venu dans nos murs, au prieuré de son ordre. On conserve son portrait à la maison communale de Corbeil. Sa vie, attribuée à *D. Gervaise*, a été imprimée à Paris, en 1755 (in-12). Les hymnes en l'honneur de saint Guenault et de saint Quirin, jadis honorés dans nos murs, sont également du savant Victorin.

Au moment où éclatait la révolution de 1789, l'abbé Guiot venait de composer, pour la procession des reliques au champ du Tremblay, une poésie dans le goût de celle du savant Huet d'Avranches, pour la procession également annuelle de N.-D. de la Délivrande, près Caen. On sait que ce prélat l'entreprit sur les instances de celui de Bayeux, comme Horace fit son *Carmen sœculare* à la prière d'Auguste. Nous donnons l'œuvre *manuscrite* de l'abbé Guiot à la fin de ce volume. La raison de cette addition est que la plupart des églises de Corbeil existant à cette époque y ont une mention toute spéciale. Cela nous conduira à quelques remarques, et à énumérer même celles dont le nom aura été négligé.

Le double tableau du pieux spectacle de la cérémonie du Tremblay a été fidèlement gravé, en 1789, par *Eustache Lépine*. C'est le seul mémorial qui en reste. Nous possédons plusieurs exemplaires de ces gravures, ainsi que celle d'un prétendu portrait de saint Exupère. Il est exactement celui de *Huet*, dont nous venons de parler. Le marchand possesseur de la planche, ne trouvant pas le débit du portrait de ce savant, imagina de faire inscrire dans l'exergue le nom d'un saint en vogue dans le pays. Les armes du prélat et sa perruque trahissent cette ruse.

[7] Résolutions sur plusieurs cas de conscience touchant la morale et la discipline ecclésiastiques, tome I, page 756.

[8] Ce pontife de l'église de Bayeux ne doit pas être confondu avec l'évêque du même nom qui jadis occupa le siége de Troyes.

[9] *Histoire de Corbeil*, page 209.

[10] Dans l'espace de moins d'un siècle, de 1736 à 1821, on compte quatorze explosions ! La plus terrible a été celle du 5 juillet 1745, où périrent quarante personnes ! Celle du 17 octobre 1820 en a déterminé le transfèrement ; mais ce n'a pas été sans beaucoup de difficultés. Le Bouchet fait partie de la commune de Vert-le-Petit, canton d'Arpajon, arrondissement de Corbeil.

[11] C'est le pape Sixte II qui, le premier, en l'an 264, ordonna ainsi la construction des églises. Cette disposition a été la plus généralement suivie depuis.

[12] Son nom a été écrit diversement. Il n'est pas le même que le père de ces quatre preux chevaliers dont parlent les anciennes histoires, fable du reste bonne à reléguer avec celles de Valentin et d'Orson, de Huon de Bordeaux et autres, qui bordent les quais de Paris sous la même livrée.

[13] Cet ouvrage est resté manuscrit. Il est passé dans la bibliothèque de sir Thomas Philipps, à Midlehill (Angleterre), avec quelques autres touchant Corbeil et ses environs, tous sortis de la même plume.

[14] Le sceau du chapitre a été longtemps ces mêmes armes. Il adopta dans la suite la figure de son patron. C'était plus naturel et aussi en usage dans beaucoup d'abbayes.

[15] *Almanach de Corbeil*, année 1792, page 124.

[16] Regnault de Corbeil, dont le nom de famille était *Mignon*, avait sans doute pris ce surnom parce qu'il était né dans nos murs.

Ce prélat est décédé à Paris, au mois de juin 1258, quelques années avant sa mère. Il a été inhumé dans l'église de l'abbaye royale de Saint-Victor. Regnault avait été le confesseur de Blanche de Castille, mère de saint Louis ; il assista la princesse en cette qualité dans ses derniers moments. On nous saura gré de donner l'épitaphe de ce prélat, rapportée par D. Du Breuil dans ses *Antiquités de Paris* (page 428) :

DISCITE, MORTALES, SORTIS MEMORANDA SUPREMÆ
FATA QUIBUS MORS EST INDITA, VITA BREVIS,
NOBILE PONTIFICUM DECUS HAC REGINALDUS IN URNA.
OCCUBAT, EXILI CONTUMULATUS HUMO.
PARISIÆ QUONDAM PRÆSUL CELEBERRIMUS URBIS,
FATALI AD SUPEROS SORTE VOCATUS OBIT.
QUISQUIS ADES, SIC TE FRAGILEM MEMORARE, VIATOR :
MORS EST CERTA, BREVIS GLORIA, VITA NIHIL.
OBIIT ANNO SUPRA 1258 ; 8 IDUS JUNII.

[17] Voyez ce que nous avons dit de notre concitoyen dans nos *Recherches étymologiques et historiques sur les rues de Corbeil*, page 21 (1852, in-8°). On a mal écrit le nom du quai auquel on l'a donné. Nous avons la preuve que le *g* terminal est de trop. Nous connaissons, à Paris, les derniers descendants de notre concitoyen. Encore quelques années, et sa lignée sera éteinte.

[18] On n'avait pas ménagé les perles dans la décoration de ce monument portatif ; mais cette richesse avait de beaucoup diminué, tant par les larcins de détail que par le remplacement qu'on en fit dans des temps difficiles, où les pierres fausses succédèrent à celles qui étaient précieuses. La châsse de Saint-Spire pesait cinq cents marcs d'argent. Celle de Saint-Leu était en bronze doré, et celle de saint Regnobert, en bois, également doré. Cette dernière était l'ouvrage d'un jardinier du pays, appelé *Louis Pinchault* ; il la fit en 1738. Le coffre d'ébène renfermé autrefois dans la châsse de saint Spire a échappé aux désastres ! Il contient encore les reliques de ce saint, dans sa nouvelle châsse. Il a été sauvé des flammes par M. de Brignolles, magistrat du parlement d'Aix, échoué à Corbeil.

[19] Dans la maçonnerie qui termine l'abside, a été ménagée une petite chapelle, et, au-dessus de sa voûte, une niche disposée autrefois pour recevoir la châsse ; c'est là qu'on la vit jusqu'à l'établissement du rétable en menuiserie dont nous avons parlé.

[20] Nous ne savons où M. le *baron de Guilhermy* (voyez son *Histoire de l'église de l'abbaye de Saint-Denis*, Paris, 1848, in-12, page 201, note 2) a pu apprendre *que les habitants de Corbeil avaient vendu la châsse de leur patron pendant la révolution, et en avaient employé le prix à l'acquisition d'une guillotine.* Cette assertion est de la plus grande inexactitude. Nous ajouterons même que, durant les malheurs de la révolution, pas un de nos concitoyens n'a perdu la vie sur l'échafaud de la Convention.

Nous eussions passé sous silence le fameux procès-verbal dressé le 8 février 1794, à l'occasion de la destruction des reliques conservées à Corbeil ; mais il a été indiscrètement publié, ces années dernières, par M. *Pluquet*. Il est imprimé dans l'appendice de son ouvrage ayant pour titre : *Contes populaires, traditions de l'arrondissement de Bayeux* (page 152). Nous nous contenterons de cette indication, et nous ajouterons qu'un os de mâchoire ayant appartenu à saint Spire a été soustrait à cette profanation ! Cette précieuse relique a été renfermée dans la châsse actuelle, le 2 mai 1809, par l'évêque diocésain, Mgr Charrier-Laroche. Il a, dans cette circonstance, imité les prélats qui, dans les siècles antérieurs, ont fait les diverses translations des reliques de saint Spire. Sa parole a été écoutée avec une religieuse attention.

Dès le 20 novembre 1803, cette relique avait été exposée, avec sa permission, à la vénération des fidèles, ainsi que d'autres accordées par le cardinal Caprara. En voici la liste : *saint Calixte*, pape et martyr ; *saint Higens*, pape et martyr ; *saint Granet*, martyr ; *sainte Crépine*, martyre, et plusieurs autres saints martyrs dont les noms ne sont pas rapportés dans l'Authentique. Tout vides que pouvaient être les tombeaux de plusieurs saints, il ne s'y opérait pas moins de miracles, que si leur dépouille mortelle y eût été conservée. Et l'on se rendait jadis en foule à Tours, à Rouen, à Paris, à Bayeux, auprès de ceux de saint Martin, de saint Romain, de saint Marcel et de saint Spire. Pourquoi n'en serait-il pas de même à Corbeil, plus heureux même après la tempête ?

C'est en 1804 que recommença l'ancienne liturgie en l'honneur de saint Spire, interrompue depuis douze années. Le champ du Tremblay ayant été aliéné, on disposa la station au-devant de l'ancienne église de Saint-Jacques. Là fut érigée une croix pour la circonstance. On s'y rend depuis annuellement le cinquième dimanche après Pâques, ainsi que cela se pratiquait au Tremblay ; mais il n'y a plus de discours de prononcé.

[21]. Maria est mort à Corbeil, où il était né, le 9 octobre 1834. Il était dans sa 52e année.

[22] Il existe un portrait de *Louis de Guise,* fait cardinal par le pape Paul V, le 21 septembre 1615, mort à Saintes le 21 juillet 1621. Nous lisons au-dessous, parmi les titres de l'Éminence; abbé commandataire de Saint-Denis, de Cluny, de Saint-Rémy, de Reims, de Corbeil, etc. ; c'est évidemment une erreur en ce qui concerne notre collégiale.

[23] Nous ne pouvons oublier ses anciens confrères, à Corbeil. C'étaient : 1° Vincent Duval, du diocèse de Rouen, ancien chanoine de Champeaux, près de Melun, depuis curé de Saint-Germain-le-Vieux-Corbeil et de Saint-Jacques en ladite ville ; mort curé de Saint-Jacques du Haut-Pas, à Paris, vers 1805 ; 2° Jean-François Blanchetête, du diocèse de Mayence, ancien chanoine de Saint-Spire, curé de Saint-Pierre-du-Perray et de Saint-Léonard, à Corbeil, également mort à Paris, où il exerçait la médecine; 3° Nicolas Le Breton, du diocèse de Paris, bachelier en théologie, licencié ès lois, ancien curé de Berny, chanoine de Noyon, puis de Saint-Spire ; desservant de Saint-Martin, annexé à cette collégiale, mort à Paris, dans la Cité, le 6 juin 1794. On a de lui quelques écrits pour appuyer ses prétentions à la cure de Saint-Spire, lors de la réunion des paroisses de Corbeil, et un discours sur le serment civique. M. l'abbé Guiot lui a consacré cette épitaphe dans ses fastes (manuscrits) de Corbeil :

D. O. M.
VIVORUM JUDICEM DE MORTUORUM
IPSA DIE, ASCENSIONIS DOMINI OCTAVA,
6 JUIN 1794, LONGO VENUM MORBO CONFECTUS,
HIC EXPECTAT
NICOLAS LE BRETON,
PARISIORUM UBI LUCEM ACCEPIT ET AMISIT ALUMNUS,
LANDUNENSIS PRIMUM, DEINDE CORBILIENSIS CANONICUS,
RECTORIS PARTES VICARIAS IN COLLEGIATE SANCTI EXUPERII ECCLESIA
ULTIMAS ADIMPLENS
CAPITULARIS DISCIPLINÆ TENACISSIMUS
PLUS ŒQUO FOR FACI NEGOTIIS SOECULARIBUS IMPLICITUS
UBI NEQUE CLAMOR, NEQUE DOLOR ERIT ULTRA
TANDEM REQUIESCAT.

4° François-Joseph-André Guiot, né à Rouen, mort curé de Bourg-la-Reine, le 21 septembre 1807. Il avait été chanoine de Saint-Victor, à Paris, et prieur-curé de Saint-Guenault, à Corbeil. Nous avons dit toutes les obligations que lui doivent nos concitoyens.

[24] En l'honneur des saints martyrs *Can, Cantien* et *Cantienne,* dont l'église Notre-Dame possède les restes. Ces reliques furent données par le pape Benoît VII au roi Robert ; il en enrichit cette église, dont il était le fondateur.

[25] Dans l'église de l'antique abbaye de ce nom sont conservés les restes de *sainte Clotilde,* de *sainte Julienne,* de *sainte Geneviève,* patronne de Paris ; de *saint Maurice, saint Cassius, saint Eusèbe, saint Théodose, saint Vincent, saints Côme* et *Damien, saint Marcel* et *saint Denis* ; ces deux derniers, évêques de Paris.

Nous avons donné la monographie de la curieuse église de Longpont dans la *Revue archéologique,* XIII° année, pages 261 et suivantes.

[26] Les restes de *saint Marcoul,* de *saint Cariulphe* et de *saint Domard,* conservés à Mantes, ont été découverts dans le grand val de Rosny, où ils avaient été enfouis, au neuvième siècle, par des religieux de l'abbaye de Nanteuil, lors de l'invasion des Normands.

[27] Lorsque l'Église de Jésus-Christ put célébrer ses mystères au grand jour, les deux sexes furent exactement séparés; mais, dès le treizième siècle, cet usage tomba en désuétude en beaucoup d'endroits. Il s'est néanmoins conservé en France, dans quelques localités où nous l'avons observé.

[28] Voyez son *Dictionnaire critique des reliques et des images miraculeuses*, tome III, page 95 (Paris, 1821, in-8°). Son article est, au reste, fautif et assez mal digéré. Il avait sans doute été mal renseigné. Nous ne lui opposerons que M. Saint-Marc-Girardin. « Je ne crois pas, disait-il à un de ses cours où nous assistions, à la vertu miraculeuse des reliques; mais je crois au respect profond, au culte religieux qu'elles peuvent inspirer. Montrez-moi un homme, un seul, qui soit insensible au souvenir d'un grand homme ou d'un grand événement, aux choses qui le rappellent, aux restes qui s'en conservent, alors j'abjurerai la religion des reliques.

[29] V. *Revue archéologique*, vie année, pages 96 et suivantes. Le château de Corbeil.

[30] Chastillon nous a donné une vue générale de ce monastère, tel qu'il avait été fortifié par l'abbé Suger. C'est le seul mémorial qui en reste, avec un monolithe en plâtre, orné d'une statuette de la sainte Vierge, sur l'emplacement même du prieuré.

[31] M. l'abbé Guiot, dont nous avons plusieurs fois prononcé le nom, est auteur de cette composition sacrée. Il avait composé d'autres hymnes en l'honneur de nos patrons. Son manuscrit, en notre possession, n'a pas été imprimé, mais bien la traduction française en vers de ces mêmes hymnes. De plus, cette dernière a été gravée au burin, en 1788, et forme une brochure in-8°, avec le chant tiré des cantiques de Saint-Sulpice, et destinés au même usage à Corbeil, où ils sont à peu près ignorés.

[32] L'antiquité juive, même païenne, ont eu leurs confréries; toute société en a constamment eu. Ces associations, purement morales, sont nées dans le monde entier, soit au Midi, soit au Nord, dès que les dogmes du christianisme ont apparu quelque part, et dans le désir assurément bien respectable qu'ont eu quelques fidèles d'honorer d'une manière toute spéciale un mystère ou un saint. On en trouve de cette sorte dès le neuvième siècle. C'est

au treizième siècle qu'on les trouve bien organisées. Celle en l'honneur de saint Spire ne doit pas remonter au delà du quatorzième siècle, c'est-à-dire, à l'an 1317, origine de la solennité que décrit ce cantique.

Une bulle, accordée à cette confrérie par Grégoire XV, en 1621, nous apprend que la ferveur des siècles précédents avait bien diminué. Plusieurs ordonnances de nos rois, et, en 1628, le concile tenu à Sens, répriment les abus qui s'étaient glissés dans ces associations, particulièrement les repas trop fréquents et trop licencieux.

La confrérie de Saint-Spire n'existe plus que de nom. Les porteurs de châsses sont actuellement salariés. Ils n'ont d'autre costume que celui de thuriféraire.

[33] Aux termes des sentences de l'officialité de Paris, des 20 mai et 10 juin 1610, le costume des confrères devait consister en une *aube* serrée au milieu du corps par un *cordon de fils blancs*. Malgré ces termes formels, le ruban de couleur prévalut; quelques-uns le portaient en sautoir. Le diadème et le bourdon ne dataient que du dix-huitième siècle. Ces derniers se terminaient souvent aussi par un bouquet de fleurs artificielles.

[34] Il s'agit ici de l'ancienne commanderie de Saint-Jean-en-l'Ile, dont l'église, quoique bien mutilée, est encore debout. Cet asile de la prière avait été fondé en 1223 par Isburge, épouse répudiée de Philippe-Auguste. Cette princesse y mourut; elle avait reçu la sépulture au milieu du chœur de cette église. Nous avons publié une monographie de cet établissement religieux, dans la *Revue archéologique* (voyez ixe année, pages 565 et suivantes).

[35] Nous avons donné la *Monographie* de N.-D. dans le recueil précité, 2e année, pages 165 et 664; beaucoup de dessins gravés sur bois sont répandus dans le texte. Là, nous avons rappelé l'identité qui existait entre le cadre de la porte principale de cette église et celle de la façade occidentale de l'église de l'abbaye de Saint-Denis. Nous ne connaissions pas alors celle également latérale de N.-D. d'Étampes, où nous avons aussi retrouvé le même faire et la même ordonnance. Il en était de même pour la tour, si admirable! C'est identiquement celle dont on eut à déplorer la perte à Corbeil, dès 1757. Le marteau du démolisseur

devait reprendre son œuvre au dix-neuvième siècle : Notre-Dame n'est plus ! Le plus somptueux édifice de notre cité a disparu en 1820 ! Une des travées de la nef, démolie avec soin, a été réédifiée à Montgermont (Seine-et-Marne) par les soins de M. le comte de Gontaut-Biron, alors propriétaire de ce domaine.

[36] Allusion au château fort placé à l'extrémité du pont, du côté des faubourgs, dont il restait encore quelques ruines alors. Elles ont disparu en 1802, lors de la rupture du pont par les grosses eaux. On peut voir ce qu'était cette forteresse du moyen âge dans la vue de Corbeil donnée par Cl. Chastillon au dix-septième siècle.

[37] Saint-Guenault, Saint-Léonard.

La première de ces églises, due comme celle de Saint-Spire à la piété du comte Haimon, fut la seconde du nouveau Corbeil. Le saint abbé, son patron, vécut au sixième siècle, et mourut dans un des monastères qu'il avait fondés au pays de Cornouailles. Au temps des irruptions des Barbares, ses reliques furent apportées dans nos contrées : à Paris, à Courcouronne, puis à Corbeil, où, en attendant la construction de l'église que notre comte leur destinait, elles furent déposées dans un oratoire dont on peut voir les restes au faubourg Saint-Léonard. Il serait difficile d'assigner une date à ces vestiges. L'église où furent ensuite déposés les restes de l'abbé de Landevenec n'est plus celle que nous voyons ; mais elle occupe le même emplacement. C'était une collégiale composée originairement de quatre chanoines séculiers avec un abbé à leur tête. Louis le Gros donna cette communauté à l'abbaye Saint-Victor en 1125. Elle devint alors régulière. Saint Louis ajouta deux nouveaux confrères à ces chanoines lorsqu'il eut fait bâtir une Sainte-Chapelle à Corbeil, à peu près sur le modèle de celle de Paris. Nous en avons donné la description dans un article ayant pour titre : *Corbeil, résidence royale,* inséré dans la *Revue archéologique,* sixième année, page 104. Les guerres des quinzième et seizième siècles ayant beaucoup endommagé ces pieux établissements, les religieux auxquels ils avaient été confiés se retirèrent au chef-lieu de leur ordre. Un seul resta pour conserver les biens fonds et acquitter les fondations, au nombre desquelles il faut mettre une prébende canoniale dans Saint-Spire. C'était, en dernier lieu, un prieuré-cure.

Sa circonscription se bornait à l'ancien pourpris du château royal. Les restes de l'église accusent le treizième siècle. On l'a divisée en deux parties : celle supérieure sert de chapelle aux prisonniers, et celle inférieure sert à leur logement. On conserve, dans la bibliothèque de Corbeil, une petite image de saint Jean-Baptiste. Elle a été détachée de la porte principale de cette église, autrefois celle de la Sainte-Chapelle dont nous venons de parler. Une relique plus précieuse était conservée dans l'église Saint-Guenault : nous voulons parler d'une épine de la couronne de Notre-Seigneur, donnée par Blanche de Castille, mère de saint Louis, à Regnault, évêque de Paris, et déposée par le prélat dans ce sanctuaire le 28 décembre 1255.

Sous le pavé de l'église Saint-Guenault reposaient les Faulcon de Ris, les Coulomb, les Bonvot, les Blémur, les Nolin, ses anciens et vénérés prieurs.

La seconde, anciennement église paroissiale, est encore debout. Son style est aussi celui du treizième siècle. Néanmoins, sa dédicace ne s'est faite que le 2 juillet 1544. L'édifice se compose d'une nef et d'un seul bas-côté au midi. On l'a complètement restaurée en 1844. L'abbé Lebeuf (Histoire du diocèse de Paris, tome XIII, page 148), prétend que c'est par l'effet d'une erreur invétérée qu'elle eut *saint Léonard*, disciple de saint Remy de Reims, au seizième siècle, pour patron. Anciennement, dit-il, on célébrait la fête patronale de cette église le 6 novembre, jour de la translation de saint Mélaine, évêque de Reims, celle de la mort de ce saint, ne pouvant se célébrer le jour où elle se trouve marquée, puisqu'elle tombe à la même date que l'Épiphanie, c'est-à-dire, le 6 janvier. Comme la fête du solitaire du Limousin arrive aussi le 6 novembre, on s'est accoutumé à croire qu'il était aussi l'un des patrons, et il a fini par éclipser le souvenir de saint Mélaine, véritable patron primitif, puisqu'il l'était de l'église de Mory, que celle-ci a remplacée. L'église Saint-Léonard est demeurée succursale de Saint-Pierre-du-Perray, comme elle l'avait été de Mory.

[38] Saint-Jacques le Majeur. Ce n'était qu'un simple oratoire, lorsque Marguerite de la Grange en fit don aux chevaliers du Temple, l'an 1267. L'église détruite en 1803, était un monument de leur piété. Elle consistait en deux nefs parallèles dont la voûte était soutenue par un rang de colonnes monocylindriques occu-

pant le centre, comme à Mennecy. Le caractère du monument accusait le treizième siècle, à en juger par ce qui en reste. Les fenêtres étaient garnies de verrières peintes, et les murs de peintures à fresque exécutées dans le cours du seizième siècle. Saint-Jacques devint succursale de Saint-Germain dans le cours du quatorzième siècle.

[39] Le champ de Tremblay. Une croix en pierre et trois crédences rustiques étaient l'ornement permanent de ce champ. Les châsses y étaient placées durant la station et le discours. Un batelier passait la chaire de l'église Saint-Guenault d'une rive à l'autre de la Seine ; elle y demeurait pour la seconde procession. Ce champ a été aliéné pendant la révolution et divisé en plusieurs enclos qui terminent à gauche la rue des Marines.

[40] Plusieurs personnages de distinction se sont fait entendre au Tremblay. Nous nommerons : Gérard de Cortonne, évêque de Soissons (1317); Guillaume Chartier, évêque de Paris (1454); Hurault de Lhospital, archevêque d'Aix (1619). Dans le siècle dernier : Mathias Poncet de la Rivière, ancien évêque de Troyes; de Clémencé, vicaire général de Châlons-sur-Marne; Charles de la Grange, mort prieur de Villiers le Bel ; François Huet, prieur d'Athis; Jacques Ruelle, docteur en Sorbonne, prieur de Puiseaux, mort à Corbeil en 1791. A ces noms on pourrait ajouter ceux des prieurs de Saint-Guenault et des Pères Récollets de Corbeil, qui tous ont fait preuve de zèle en cette occasion.

[41] Le dimanche suivant, on portait d'autres reliques au Tremblay. C'étaient celles de saint Guenault, de saint Quirin et de saint Yon ; ce dernier a été martyrisé à Châtres (Arpajon), l'an 287, sous Dioclétien et Maximien-Hercule. On chantait aussi d'autres cantiques.

CORBEIL, typ. et stér. de CRÉTÉ. (1857).

www.ingramcontent.com/pod-product-compliance
Lightning Source LLC
LaVergne TN
LVHW021745080426
835510LV00010B/1339